奄美大島主要バスマップ

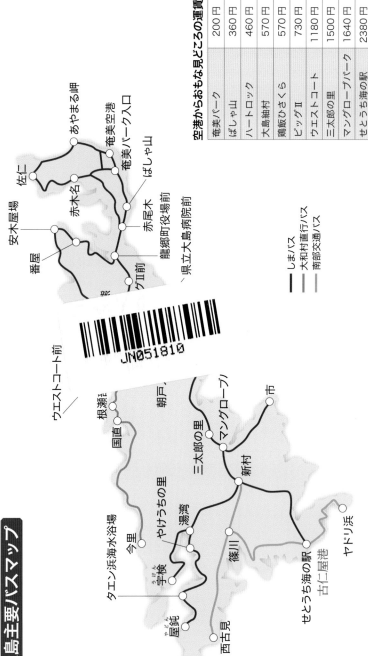

空港からおもな見どころの運賃

奄美パーク	200円
ばしゃ山	360円
ハートロック	460円
大島紬村	570円
鶏飯ひさくら	570円
ビッグⅡ	730円
ウエストコート	1180円
三太郎の里	1500円
マングローブパーク	1640円
せとうち海の駅	2380円

(※せとうち海の駅行きのバスを利用)

しまバス
大和村直行バス
南部交通バス

J2051810

自然の鼓動が聞こえる
豊饒の島

奄美大島
AMAMI ①

奄美群島 ①

喜界島
加計呂麻島

奄美へようこそ！

奄美で暮らし、奄美を愛する皆さんが、
島の魅力やおすすめの楽しみ方を
教えてくれました♪

Welcome

何もない島で
ぼんやり過ごしてください！

加計呂麻島の西阿室は
夕日の名所なんです。
ビール片手にサンセットを
見るのが
最高の贅沢♪

自家製パニーニが
自慢です！

加計呂麻島
P.106
お食事処もっか
新山 翔平さん
麻夢さん

人がみんな親切。
つながりが深くて
とってもあたたかい島。

PACE
浜崎 誠也さん
さわ子さん

笠利町
P.91

野生のウミガメと
一緒に泳ぎましょう♪

奄美大島はありのままの
自分でいられる場所。
無理したり
あれこれ悩んだりせず、
のびのびと暮らせるところが
魅力です。

笠利町 OCEANZ
P.77
なおくん

奄美をバニラの島にすべく
栽培に取り組んでいます！

バナナやパッションフルーツ、
タンカンと、
奄美はおいしいフルーツが
いっぱい取れます。
旬のフルーツを
味わってみて。

古仁屋の新鮮な
魚を食べに来て！

人があたたかいので
子育てによい環境。
とっても
暮らしやすいんです。

あま海
桑山 一成さん
由喜子さん
詩響くん
金井 雄介さん

古仁屋
P.47

笠利町
P.40
AMAMI バリュープロデュース
林 晋太郎さん

夜の島も楽しいですよ！

日中はもちろん

山に入ると毎回
違う驚きがあります。
ぜひガイドと
一緒に山歩きを
体験してみて！

文化も自然も
とにかくおもしろいんです！

加計呂麻島は
まだまだ自然がいっぱい。
ここで育った果物を
ジャムにすると
本当においしいの！

無農薬の果物で
ジャムを作っています！

住用町
P.21

奄美大島世界遺産
センター
里 朋樹さん

島に来たら
ぜひ訪れてほしいのが
民謡居酒屋！
唄の知識がなくても
絶対に楽しめますよ！

加計呂麻島
P.49

かけろまの森 marsa
花田 絵美子さん

きれいなドリンクと
ジェラートを
食べに来て！

きれいなビーチで
のんびりするのがおすすめ。
特に土盛海岸がお気に入り。
静かでとっても
きれいなんです♪

名瀬
P.83

奄美市立奄美博物館
平城 達哉さん

龍郷町
P.49

Tropica Amami
秋山 いずみさん

ぜひ島豚のハンバーグ、
味わってください

オリジナル
紬レザー作ります！

知れば知るほど
奄美の文化は奥が深くて
おもしろいんです。

古仁屋は島風情満点。
どこもプライベート
ビーチ感覚ですよ。

海も山もとっても
楽しいですね。
特に夜の森はいろいろな
生き物が活発に動いていて
エキサイティング！

古仁屋
P.97

オリジナルTシャツが
人気です！

肉パル RIB
清水 亮太さん

名瀬
P.87

紬レザー かすり
川畑 裕徳さん

名瀬
P.87

GUNACRIB
島﨑 仁志さん
尚味さん

日常から遠く離れて……脱力旅のすすめ

島旅×ジブン時間

目的もなくさまよって、お気に入りの景色の一部となってみよう。
約束も予定もない。島を包み込む緩やかな空気に、身も心も委ねて。

瀬戸内町蘇刈のビーチで見つけたブランコ。青い海を見ながらゆらゆら、ゆらゆら……。のんびり1日過ごしたい

1

Blue Ocean

無垢なる海とビーチに囲まれて

エメラルド、コバルト、ターコイズ……。思いつく限りの青をあげても、
奄美の海の色は表現しきれない。心のいちばん大切な場所に残したい青を見つけて。

2

3

4

5

6

1. 奄美の海の色は実に多彩。澄んだ海に漕ぎ出そう
2. 白砂とどこまでも青く澄んだ海がまばゆい崎原海岸
3. ホノホシ海岸で見つけたハート。誰が作ったのかな?
4. こちらは干潮時のみ現れる、自然が作った天然のハート
5. 瀬戸内町の夜。街灯が少ないので天の川までくっきり
6. 海を望む東屋でランチタイム。聞こえるのは波の音だけ

瀬戸内町で見つけたフォトスポット。湾がまるでハートみたい

島旅×ジブン時間

独自の生態系と文化を育んだ、ここだけの景色を求めて

驚くほど多様な生き物が生息する奄美の森と海。
その神秘的な自然とそこに暮らす人の営みに触れてみよう。

1. 金作原に茂るヒカゲヘゴ。雨上がりは特に鮮やか
2. ふたつの海が見える丘。左が東シナ海、右に太平洋が広がる
3. 喜界島の阿伝集落に残るサンゴの石垣
4. 森の中は野鳥の楽園。枝で羽を休めるのはアカショウビンだ
5. 大和村のフクギ並木。異世界につながるトンネルのよう
6. 瀬戸内町の高知山展望台から見る夕日

上／住用町のマングローブ林をカヤックで探検
左下／マングローブがトンネルみたい
右下／加計呂麻島の山奥にひっそり流れ落ちる嘉入の滝

1

島旅×ジブン時間
旅人を魅了する、豊かな島の文化

大島紬、シマ唄、祭り、郷土料理……。この島はとにかく文化が奥深い。
そして旅人をあたたかく迎えてくれる懐の深さもこの島の大いなる魅力だ。

2

3

6

4

5

1. 名瀬の民謡酒場。ラストは皆総立ちで、歌い踊りまくる
2. ふくらかん、舟焼きなど、素朴でおいしい郷土菓子も味わいたい
3. 島の祭りのなかには数百年にわたり受け継がれるものもある
4. 宇検村のバス停。今にもケンムンが出てきそう
5. 美しく染め上げられた糸。これが組み合わさり芸術的な織物にな〔る〕
6. 加計呂麻島の西阿室集落の入口。巨大なガジュマルの木が目印〔だ〕

左上／複雑な工程を経てできあがる大島紬は奄美が誇る伝統文化
右上／ミネラルたっぷりの黒糖や薬草を用いた料理が島の長寿の秘訣
左下／奄美を代表する郷土料理鶏飯。鶏だしのスープが絶品だ
右下／郷愁を誘うシマ唄のメロディ。その独特の音調が心に響く

More about Amami
🔊 奄美の深め方　113

Basic Information
！旅の基本情報　125

本書の見方

使用しているマーク一覧

🚌 交通アクセス
ⓘ バス停
🏠 住所
☎ 電話番号
FAX FAX 番号
問 問い合わせ先
時 営業・開館時間
所要 所要時間

休 定休日
料 料金
客室数 客室数
カード クレジットカード
駐車場 駐車場
URL ウェブサイト
予約 予約

👀 観る・遊ぶ
🍴 食べる・飲む
🛍 買う
🏠 泊まる
voice 編集部のひと言
✉ 旅人の投稿

地図のマーク

🅑 見る・遊ぶ
🅡 食事処
🅢 みやげ物店
🅗 宿泊施設
🅐 アクティビティ会社
🅘 観光案内所
📍 バス停

新型コロナウイルス感染拡大の影響で、営業・開館時間や定休日が変更となる可能性があります。お出かけ前に各施設・店舗にご確認ください。
※本書に掲載されている情報は、2023 年 7 月の取材に基づくものです。正確な情報の掲載に努めておりますが、ご旅行の際には必ず現地で最新情報をご
　確認ください。また弊社では、掲載情報による損失等の責任はいかねますのでご了承ください。
※商品・サービスなどの価格は原則として 2019 年 10 月からの新税率の税込価格で表示しています。
※宿泊料金は特に表示がない場合、1 室 2 名利用時の 1 名当たりの料金です。また、素…素泊まり、朝…朝食付き、朝夕…朝夕食付きを意味します。

ひと目でわかる
奄美大島

加計呂麻島
喜界島

鹿児島市内から南に約380km。
沖縄と九州の間に浮かぶ奄美群島。
旅の起点となる奄美大島を中心に
各島の位置関係と基本情報をご紹介。

名瀬 （なぜ） **P.82**

名瀬港とともに
発展した、奄美
群島最大の町。

金作原 （きんさくばる） **P.72**

ヒカゲヘゴなどの亜熱帯
樹林が茂る原生林。

名瀬港

森と海に恵まれた
奄美群島最大の島 **P.68**

奄美大島 （あまみおおしま）

面積、人口ともに奄美
群島最大の島。平坦で
農地が広がる北部、繁
華街・名瀬を有する中
部、島最高峰である
694mの湯湾岳がそび
え、起伏ある地形が続
く南部からなる。

大和村

湯湾岳 ▲

枝手久島

焼内湾

戸倉山 ▲

南郷山

宇検村

冠岳 ▲

住用町

住用湾

滝ノ鼻山 ▲

城ノ鼻

鳥帽子山 ▲

鳥ケ峰 ▲

市崎

瀬戸内町

大島

高鉢山 ▲

薩川湾

嘉入山 ▲

海

峡

古仁屋

真崎

伊須湾

古仁屋港

松長山 ▲

住用湾

瀬相港

須子茂離

加計呂麻島

生間港

N

0 2 4km

請島水道

与路島

請島

大島海峡に浮かぶ
自然豊かな島 **P.102**

加計呂麻島 （かけろまじま）

複雑な入江が連なる緑深い島。諸鈍シバヤなど
国指定重要無形民俗文化財に指定された祭りも。

諸鈍集落の
デイゴ並木

笠利崎

蒲生崎

今井崎

奄美空港

高岳
笠利町

大刈山

龍郷町

各島への行き方

奄美大島へ
東京（羽田・成田）、大阪（伊丹・関西）、福岡、鹿児島、沖縄（那覇）から飛行機が運航している。

加計呂麻島へ
奄美大島南部の古仁屋からフェリーか海上タクシーで。加計呂麻島には瀬相港と生間港がある。

喜界島へ
奄美空港、鹿児島空港から飛行機で。または名瀬港、鹿児島港からフェリーで。

喜界空港

喜界島

喜界町

水天宮山

P.54
おおしまつむぎむら
大島紬村
奄美大島の特産物である大島紬の製造工程の見学や体験ができる。

マングローブ原生林 **P.70**
日本で2番目の規模を誇るマングローブ原生林。カヌーツアーで探検できる。

こにゃ
古仁屋 **P.96**
奄美大島南部の中心となる町。加計呂麻島へのフェリーが発着する。

隆起珊瑚礁でできた
蝶のすまう島 **P.108**
きかいじま
喜界島

奄美大島の沖約20kmに浮かぶ島。農業用水用の巨大な地下ダムがある。サトウキビ畑が広がるなだらかな島は、蝶の飛来地としても知られる。

サトウキビ畑を貫く一本道

気になる
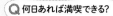
ベーシックインフォメーションQ&A

Q 何日あれば満喫できる？

A 最低でも2泊3日は欲しいところ
奄美大島は意外と広い。空港から名瀬まで車で約50分、古仁屋まで約1時間40分。目的を絞って泊まる場所を選ぼう。加計呂麻島を訪れるなら、フェリーの欠航などを考えて日程に余裕をもって。

Q 予算はどれくらい必要？

A 2泊3日で4万9000円〜
宿泊施設、時期により大きく異なるが、オフシーズンにシティホテルで2泊した場合、ツアーで4万9000円〜。個人で予約する場合、成田空港、関西国際空港発着のLCCピーチを利用するのも手だ。

奄美の島ごよみ

平均気温 & 降水量

※参考資料 気象庁ホームページ
www.jma.go.jp
※気象庁鹿児島地方気象台名瀬測候所における
1991～2020年の平均値

	1月	2月	3月	4月	5月
名瀬 平均気温（℃）　東京 ----- 平均気温（℃） 最高気温（℃）　　降水量（mm） 最低気温（℃）					
最高気温	17.7	18.3	20.4	23.1	26.2
平均気温	15.0	15.3	17.1	19.8	22.8
				16.7	19.8
最低気温	12.2	12.4	14.1		
降水量	184.1	161.6	210.1	213.9	278.1

海水温

20℃	19℃	20℃	22℃	24℃

シーズンガイド

オフシーズン

海開きは4月中旬頃　梅雨

 冬 12～2月
10℃を下回る日は少ないが、ジャケットは必要。風が強く海が荒れることも。1月中旬にはヒカンザクラが咲き、春の訪れを告げる。

 春 3～5月
旧暦3月3日が海開きだが、気持ちよく海で泳げるのは5月下旬～10月初旬頃。GWが終わると梅雨入りする。

お祭り・年中行事
※詳しくはP.118へ

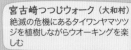

宮古崎つつじウォーク（大和村）
絶滅の危機にあるタイワンヤマツツジを植樹しながらウオーキングを楽しむ

紬の日のつどい（奄美市）
1978年から開催している奄美大島の伝統産業、大島紬に親しむイベント

見どころ・旬のネタ
※詳しくはP.129へ

 ✿ ホエールウオッチング

🍊 タンカン

★ リュウキュウ

🌸 ヒカンザクラの開花

温暖な亜熱帯海洋性の気候で、冬場でも 10℃を下回る日は少ないが、
海水浴がメインならやはり陽光まぶしく波穏やかな 6 ～ 10 月がベストシーズン。
ただし、8 ～ 9 月は台風が発生しやすく、直撃すると旅に支障が出てくる。
冬場には、近海に訪れるホエールウオッチングという楽しみ方も。

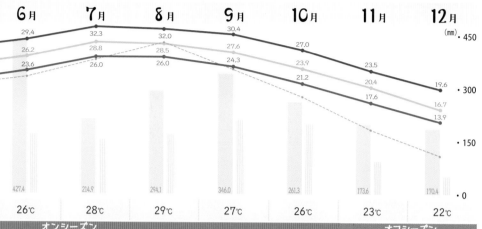

6月	7月	8月	9月	10月	11月	12月
29.4	32.3	32.0	30.4	27.6	23.5	(mm)・450
26.2	28.8	28.5	27.6	27.0	20.4	19.6
23.6	26.0	26.0	24.3	23.9	17.6	16.7
				21.2		13.9
427.4	214.9	294.1	346.0	261.3	173.6	170.4
26℃	28℃	29℃	27℃	26℃	23℃	22℃

オンシーズン　　　　　　　　　　　　　　　　　　　　　　　　　　　オフシーズン

台風シーズン

夏 6～9月
梅雨が明けると本格的な夏。日差しがとても強いので
帽子、サングラスは必携。8月から9月は台風シーズン。
奄美の台風は速度が遅く、非常に勢力が強い。

秋 10～11月
10月に入ると朝晩が涼しくなるので1枚羽織
るものを。11月でも紫外線は強いので、日焼
け止めは忘れずに。

南国っぽい
アダンの木

奄美シーカヤックマラソン
in 加計呂麻大会（加計呂麻島）
大島海峡を舞台に繰り広げられる
国内最大規模のシーカヤック競技

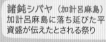
油井豊年踊り（瀬戸内町）

秋名のアラセツ行事
（龍郷町）

奄美まつり（奄美市）
3000 発の花火や八月踊りなど
が行われる島内最大のイベント

諸鈍シバヤ（加計呂麻島）
加計呂麻島に落ち延びた平
資盛が伝えたとされる祭り

海水浴のシーズン

 ★ アサギマダラの飛来

サガリバナの開花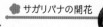

グアバ

アカショウビンの飛来

花良治ミカン

ドラゴンフルーツ

パッションフルーツ

シラヒゲウニの解禁

 サトウキビの収穫

豊饒なる海と山に抱かれた、麗しき島へのパスポート

奄美をもっとよく知る Keyword

サンゴに彩られた豊かな海や、希少な生き物を育む熱帯雨林、琉球と薩摩、そして中国の大陸文化が混じり合うユニークな文化・風習。知れば知るほど虜になる奥深き島、それが奄美だ。

原生林
Primeval Forest

希少な生物が生きる豊かな森

内陸部に広がる亜熱帯広葉樹の森は、特別天然記念物のアマミノクロウサギやルリカケスなど、貴重な生き物のすみか。特に、生きた化石といわれるヒカゲヘゴが茂る金作原は必見。

ケンムン
Kenmun

ガジュマルにすむ妖怪

奄美に伝わる妖怪、ケンムン。全身が毛に覆われたサルのような外見で、イタズラが大好き。ガジュマルの木にすみ、人を見かけると、道に迷わせたり、相撲を挑んでくるという。→ P.121

マングローブ
Mangrove

河口に広がる迷路のような森

中南部、住用川の河口に広がる国内第2位の広さを誇るマングローブ原生林。干潟には多様な生き物が暮らし、複雑な生態系をつくり上げている。

祭り
Festival

集落が守る島の伝統

信仰にあつく、集落の絆が強い奄美では、神事や収穫に感謝するさまざまな祭りが催される。諸鈍シバヤ、秋名のアラセツ行事など国指定重要無形民俗文化財に指定されている祭りも多い。

シマ唄
Shima Uta

島の心を唄に刻んで

島で古くから歌い継がれてきたシマ唄。今でも、祭りや祝い事などのときは、シマ唄を歌い、踊る。シマ唄は哀感を帯びたものが多く、それがまたいっそう心に響く。

手つかずの海
Beautiful Sea

島を取り囲むマリンブルーの海

200種類以上のサンゴを育む奄美の海。静かなビーチでのんびりしたり、シーカヤックやダイビングで美しい海を探検しよう。

ホエールウオッチング
Whale Watching

**子育てのために訪れる
クジラと遭遇**

2〜4月、子育てのためにザトウクジラがやってくる。船で近くまで行き観察できるホエールウオッチングでは、迫力ある姿を間近に見られる。

鶏飯
Keihan

奄美を代表する郷土料理

ほぐした鶏肉や、錦糸卵、大根やパパイヤの漬け物などをご飯にのせ、鶏からとったスープをかけてお茶漬けのように食べる。濃厚でありながらさっぱりとした口当たりで、何杯でもいけそう。

満天の星
Starry sky

頭上に輝く数え切れない星

町から少し離れて夜空を見上げれば、降るような星空が。天の川はもちろん、季節によっては本州では見られない南天の星座の一部も見ることができる。

奄美黒糖焼酎
Amami Kokutou Shochu

奄美でしか造れない焼酎

原料に米と黒糖を使用し、米麹で発酵させて蒸留する、奄美群島だけで生産が許されている焼酎。約20の醸造所が、個性あふれる焼酎を作っている。

**400年前から続く
奄美の基幹産業**

1600年代初頭、中国からサトウキビを持ち帰った直川智翁が日本で初めて栽培に成功。今に続く奄美の基幹産業の礎を作った。

サトウキビ
Sugar cane

**奄美に暮らす
猛毒のヘビ**

奄美の森の守り神ともいわれるハブ。その毒は強力で、咬まれると死にいたることも。森に入る際は要注意だ。

ハブ
Habu

本場奄美大島紬
Honba Amami Oshima Tsumugi

**緻密に織り上げられる
伝統の技**

無数の工程を経て織り上げられる繊細で複雑な大島紬。その美しい織りは、海外でも評判が高い。

ドラマチックな夕日
Sunset

**1日の終わりの
華麗なる
ショータイム**

奄美大島の南西部では、高台から入江とその向こうに沈む太陽を望む夕日の名所が多い。刻一刻とあたりの色を変えながら、水平線に沈みゆく幻想的な光景を楽しんで。

世界自然遺産 奄美大島の自然を楽しむ方法

世界自然遺産 奄美大島って？

　2021年7月、日本で5番目の世界自然遺産「奄美大島、徳之島、沖縄島北部及び西表島」が誕生した。鹿児島県、沖縄県にまたがる4つの地域合わせて4万2700ヘクタールが、世界自然遺産登録において評価されたのは、生物多様性という点だ。日本の国土の0.5％に満たないわずかなエリアに極めて数多くの生き物が生息し、例えば日本で見られる鳥633種類のうち62％の394種もがこの地域で観測されている。そのなかでも、さらに独自に進化を遂げた固有種が非常に多く、その多様性は世界的にみても貴重なもの。この希少性が高く評価され、世界遺産登録にいたった。

「奄美大島、徳之島、沖縄島北部及び西表島」の対象地域

奄美大島
徳之島
沖縄島北部
西表島

世界自然遺産の島々

世界自然遺産に登録された、奄美大島、徳之島、沖縄島北部、西表島のそれぞれの特徴は？

奄美大島

奄美群島で最も大きい島。島の南部は起伏が大きく、周囲はリアス海岸が発達。複雑な地形に、亜熱帯多雨林が広がり、マングローブ林や、河口部の干潟など、多様な環境に多くの生き物が生息している。

徳之島

北部の天城岳や島内最高峰の井之川岳から犬田布岳にかけて亜熱帯多雨林に覆われており、アマミノクロウサギやトクノシマトゲネズミなど希少な動植物の生息地・生育地になっている。闘牛など独自の文化も根強い。

沖縄島北部

沖縄本島北部には、国内最大級の亜熱帯多雨林、やんばるの森が広がり、飛べない鳥のヤンバルクイナ、キツツキの仲間のノグチゲラなどの固有種をはじめ、多種多様な動植物が生息している。

西表島

沖縄県の八重山列島にある西表島。島の90％が亜熱帯のジャングルに覆われており、国内最大のマングローブ原生林も広がる。その豊かな自然のなかに、特別天然記念物のイリオモテヤマネコやカンムリワシが生息。

奄美の自然はここがすごい！

国土の面積の 0.2％の地域に
国内の生物の 13％が暮らす

奄美大島の自然のすごさをひと言で表すならば、生物多様性の高さ、固有種の多さだ。奄美大島は気象条件から、生物生息域の北限と南限の境目にあり、多様な生物が生息できる自然環境が育まれている。さらに、大陸と分離してから長い時間がたち、島で独自に進化した生物が固有種、固有亜種として多く生息している。このようにいくつもの偶然が重なり、ほかには類を見ない、世界でも希有な島となったのだ。

奄美大島の
世界遺産登録地域

■ 世界自然遺産地域
□ 緩衝地帯

世界自然遺産を体験したい！

奄美で世界自然遺産を体験するには？
手軽にできる 4 つの方法をご紹介

① 奄美大島世界遺産センターへ行く

奄美の自然のなかにいるような
没入感が味わえる新スポット

2022 年 7 月に開館した施設。館内は奄美の自然が、巨大なスクリーンやジオラマなどを用いて臨場感たっぷりに展示され、実際に奄美の森を歩いているような感覚を味わうことができる。突如降り始める雨の音や鳥のさえずりを聞きながら、森に隠れる動物たちを探してみて。自然について楽しく学べると同時に、時間とともにうつろう森の美しい景色にうっとりと見入ってしまう。

奄美大島世界遺産センター MAP 折り込み⑥A2
🚗 名瀬港から車で40分　🏠 奄美市住用町石原467-1
📞 (0997)69-2281　🕐 9:00 ～ 17:00　休 木曜　料 無料
駐車場 あり　URL https://amami-whcc.jp

① 奄美の森が再現された館内　② 隣に黒潮の森マングローブパークがある。学んだあとはマングローブカヌーへ出発　③ フィールドスコープで森に潜む動物を探そう　④ 館内のショップ「flat」では限定 T シャツが人気

② ナイトツアーに参加する

アマミノクロウサギをはじめ奄美にすむ多くの生物が夜行性。夜の森はとてもにぎやかだ。ガイドの案内で森を探検すると、さまざまな鳥、昆虫、カエルやヘビ、植物を見ることができる。ナイトツアーの情報は→ P.74。

上／枝に止まるアカショウビン
下／アマミノクロウサギにも会える

③ 海の生き物について学ぶ

奄美海洋展示館（→ P.83）では、館内で飼育しているウミガメに餌やりができる。触れ合ったあとは、館内の展示もより興味深く見られるはず。また港の大浜ビーチはウミガメの産卵地。旗が立っていたらそこに卵がある印だ。

上／すぐ近くまでカメが餌を食べにやってくる　下／大浜ビーチに産み付けられた卵を示す旗

④ マングローブをカヌーで探検

日本で 2 番目の広さを誇る住用町のマングローブの群生地。マングローブカヌーは子供からお年寄りまで体験できる気軽なアクティビティ。マングローブの不思議な生態やそこに暮らす生き物について学ぼう（→ P.70）。

上／マングローブのトンネルをカヌーでくぐる　下／水際のさまざまな生き物についてガイドに尋ねてみよう

奄美で会いたい動物たち

動物図鑑

アマミノクロウサギ

会える時期：1年中
会える場所：奄美大島・徳之島

国の特別天然記念物。体長 42〜51㎝、体重 1.3〜2.7kg。生きた化石と呼ばれるように、原始的な姿を残し、独自の進化を遂げてきた。夜行性で、奄美大島では中南部の森に多い。森林伐採やマングースによる捕食で減少したが、環境保護の努力により、個体数を回復しつつある。

キョロロロロロー♪

リュウキュウアカショウビン

会える時期：4〜9月
会える場所：奄美群島

4月に南方から渡ってきて、夏の間奄美群島で子育てをする。人里近くにすみ、朝夕に鳴き声が聞ける。

キョロリンチー

オオトラツグミ

会える時期：1年中
会える場所：奄美大島

奄美大島の森だけにすむ留鳥。かつて絶滅の危機にあったが、近年個体数が増えている。

ジャー ジャー キュイ

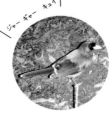

ルリカケス

会える時期：1年中
会える場所：奄美大島　加計呂麻島　請島

世界中で、奄美大島と加計呂麻島、請島だけにすむ。きれいな羽をもつため、かつては乱獲された。

キョッ キョッ

オーストンオオアカゲラ

会える時期：1年中
会える場所：奄美大島

春先に森で「タラララララ……」と音がしたら、木をつついている音。縄張り宣言や求愛のためという。

グー

アマミヤマシギ

会える時期：1年中
会える場所：奄美大島 加計呂麻島（喜界島は冬のみ）

琉球列島だけにすむ珍しい鳥。夜間林道に出てくるため、交通事故に遭うことが多い。

ツッコホッ ニャァ（雄）

リュウキュウコノハズク

会える時期：1年中
会える場所：奄美大島　加計呂麻島　喜界島

森の中にすみ、昆虫などを食べる。夜行性で、夜間市街地の木で目撃されることも。

ケナガネズミ

会える時期：1年中
会える場所：奄美大島

頭からしっぽの付け根まで 30㎝ある日本最大の野ネズミ。夜行性でおもに樹上で生活する。

リュウキュウイノシシ

会える時期：1年中
会える場所：奄美群島

体長は 90〜110㎝程度。イタジイの木の実や小動物を食べるほか、畑の農作物を荒らすことがある。

アマミイシカワガエル

会える時期：1年中
会える場所：奄美大島

渓流の近くや森の中にいる美しいカエル。1〜4月頃の繁殖期にはキョーという鳴き声が聞ける。

オオゴマダラ

会える時期：1年中
会える場所：奄美群島

羽を広げると 15㎝ほどになる大型の優雅な蝶。喜界島が生息域の北限で、保護に力を入れている。

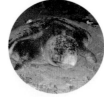

ウミガメ

会える時期：1年中
会える場所：奄美群島

アカウミガメ、アオウミガメ、タイマイが近海に生息。4〜8月、島の浜に上陸して産卵する。

ザトウクジラ

会える時期：1〜4月
会える場所：奄美群島

1〜4月の間、奄美群島周辺に子育てのために回遊してくる。大きい個体では体長 15mにも達する。

奄美ハブ辞典

毒ヘビ「ハブ」に要注意！
生態から対処法まで

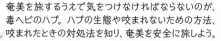

「ハブを知れば怖くない！」

奄美を旅するうえで気をつけなければならないのが、毒ヘビのハブ。ハブの生態や咬まれないための方法、咬まれたときの対処法を知り、奄美を安全に旅しよう。

ハブ
最も毒性が強い。夜行性で木登りも得意。ネズミやカエル、トカゲなどを食べる

ヒメハブ
ハブよりは毒性が弱い。川沿いなどの落ち葉の中に潜む。木には登らない

ハブってどんな生き物？

ハブは奄美や沖縄に生息する毒ヘビ。奄美には9種類のヘビが生息しており、そのうち毒ヘビは、ハブ、ヒメハブ、ガラスヒバア、ヒャン、ハイの5種類。なかでもハブは最大のヘビで、全長1m以上、最大で2m20cmの個体が発見された記録がある。6月から7月にかけて8〜10個の卵を産み、1ヵ月ほどで孵化する。

ハブの出る場所、出る季節

ハブは山地から平地までいたるところに出没する。ビーチだからと安心していても、その手前の草むらに潜んでいることも。ハブの行動に適した温度は18〜30℃で、4〜6月、9〜10月が活発な時期だ。1日の行動範囲は100m程度と言われ、一度見かけたらまだその付近にいると考えたほうがいい。

ハブとの暮らし

奄美に暮らす人々にとってハブの存在は深刻な問題だ。ホームセンターではハブ捕り棒やハブ箱が売られ、日常的に森に入る人はそれらを車に積んでいることが多い。もちろん毒の吸引器や止血帯も必携だ。自治体では、ハブによる事故を減らすため、捕獲された生体の買い上げ策などを実施し、ハブの個体数調整に努めている。

"森の守り神"、ハブ

猛毒のハブだが、ハブだって好んで人間を咬むわけではない。昔から島の人は森に入るときに、塩を持ち、拝んでから入ったという。奄美の森を不用意な開発から守ってきたのはハブだと言っても過言ではないかもしれない。旅人も敬意を払ってハブと奄美の自然に接したい。

湯湾岳の麓のレジャー施設、フォレストポリスの大野さん。ハブの特徴に合わせて自作したハブ捕り棒で、ハブに対抗する

救急グッズは常に携行

強力に吸引する毒の吸い出し器は、薬局やアウトドアショップで購入できる

旅人がハブに咬まれないための6ヵ条

① 道路の中央を歩く。

② 不用意に草むらに入らない。

③ 夜は明かりを持って歩く。

④ 草むらに入るときは、長靴をはき肌の露出を避け、棒でたたきながら進む。

⑤ 森に入るときは頭上も注意。帽子は必携。

⑥ 山や森に入るときには、地元のガイドに案内してもらい、ガイドの指示を守る。

もしもハブに咬まれたら ハブ咬傷応急処置法

ハブに咬まれたらすぐに病院へ。救急車には血清が積まれていないため、場所によっては病院到着まで時間がかかることも。同行者がいて車で動ける場合は、より早く病院まで移動できる方法をその場で判断する。

①まずは身近な人に助けを求め、走ったりせず安静を保つ。

②毒の吸い出し器を利用して毒を吸い出す。

③傷口より心臓に近い所をタオルなどで縛り、毒が体内に広がるのを遅らせる。

④できるだけ早く病院へ。病院に電話連絡をしておけば、血清の準備をしてもらえるので早く治療できる。

● ハブに咬まれたときのおもな医療機関連絡先

名瀬	県立大島病院 (0997) 52-3611	宇検村	国民健康保険宇検診療所 (0997) 67-2030
笠利町	笠利国民健康保険診療所 (0997) 63-0011		瀬戸内町へき地診療所 (0997) 72-3211
龍郷町	竜郷中央クリニック (0997) 62-2525	瀬戸内町	瀬戸内徳洲会病院 (0997) 73-1111
大和村	国民健康保険大和診療所 (0997) 57-2053		かけろまぐるくリニック (0997) 75-0690

植物図鑑

ヒカゲヘゴ

ヘゴ科ヘゴ属
花期：なし

最大で高さ15mにもなる日本最大のシダ植物。幹の楕円の模様は、生長にともない葉が落ちた跡。ヒカゲヘゴが繁茂する代表的な森が金作原原生林。熱帯雨林のジャングルのような雰囲気が漂う。

ヒカンザクラ

バラ科サクラ属
花期：1月中旬～2月

台湾から南西諸島にかけて分布する桜。奄美大島では1月中旬から開花し、2月いっぱい楽しめる。

ソテツ

ソテツ科ソテツ属
花期：6～8月

常緑の裸子植物。龍郷町に大きな群落がある。実を方言で「ナリ」といい、食糧の乏しい時代は食用とした。

バショウ

バショウ科バショウ属
花期：7～9月

バナナに似た葉をつける植物。島の言葉で、この群落のことを「ばしゃやま」という。

アダン

タコノキ科タコノキ属
花期：7～9月

パイナップルに似た実をつける南国らしい植物。画家田中一村が好んで描いたモチーフのひとつ。

ゲットウ

ショウガ科ハナショウガ属
花期：5～6月

夏場に白く愛らしい花を咲かせる。葉は殺菌効果があり、お茶にされる。島言葉でサネン。

ガジュマル

クワ科イチジク属
花期：10～4月

20mを超す巨樹となり、根が複雑に絡み合う様子は迫力がある。妖怪ケンムンのすみかとされている。

ワダツミノキ

クロタキカズラ科クサミズキ属
花期：5月中旬

奄美大島で発見された絶滅危惧種クサミズキの新種。元ちとせさんの歌にちなんで命名された。

モダマ

マメ科モダマ属
花期：4～5月

サヤの大きさが60㎝にもなる巨大なマメ科の植物。10月頃実がなる。奄美には住用町のみ自生している。

サガリバナ

サガリバナ科サガリバナ属
花期：7～9月

マングローブ近くの湿地に自生。夏から秋にかけて、夜間に花が咲き、甘い芳香を放つ。

テンニンギク（特攻花）

キク科テンニンギク属
花期：5～9月

喜界空港周辺に咲く赤い花。若き特攻員たちに送った花の種子が芽生え、群落となったという逸話も。

ユワンツチトリモチ

ツチトリモチ科ツチトリモチ属
花期：12～1月

12月下旬～1月に花を咲かせる固有種。湯湾岳山頂付近に自生するが、伐採などで絶滅の危機に瀕する。

アマミエビネ

ラン科エビネ属
花期：2～4月

奄美大島だけに自生する野生のラン。白やピンクの愛らしい花が咲く。盗採により絶滅危惧種に。

アマミスミレ

スミレ科スミレ属
花期：4～5月

1㎝程度の白い花を咲かせる、日本のスミレでは最も小さな種類。絶滅危惧種に分類。

汽水域に広がる、不思議な森
マングローブのひみつ

奄美中部、住用川の河口に広がる広大なマングローブ原生林。海水と淡水の混じり合う特殊な場所に生きる、不思議な植物のことを知ろう。

マングローブは、植物の総称

　マングローブとは、特定の植物の名前ではなく、熱帯・亜熱帯の河口や沿岸部に生息する植物の総称。奄美ではおもにオヒルギとメヒルギがマングローブを形成する。特殊な環境で生きるための工夫は興味深い。そのひとつが根の機能。冠水する湿地帯では地中に酸素が乏しいため、水の上に根を出すことによって酸素を吸収する。その形はさまざまだが、膝を立てたような膝根（しっこん）、板状の板根などになり、マングローブ林独特の景観をつくり出す。

自然分布の北限はどこ？

　日本では西表島のマングローブ林が有名だが、住用町のマングローブ原生林は、それに次ぎ国内第2位の広さを誇る。マングローブの自然分布は奄美大島が北限とされているが、実は、鹿児島市喜入町にもメヒルギの群落がある。しかし、これは江戸時代に人為的に持ち込まれた可能性が高く、自然限界とは見なされていない。人為的な移植ならば1959年に静岡県南伊豆町の青野川河口に植栽されたメヒルギが育っており、ここが日本の生息の最北限となる。

マングローブが育む生き物たち

　干潮時には広大な干潟が現れるマングローブ原生林は、陸と海の生き物、両方の生活の場。干潮時には、大きなハサミをもつシオマネキや、マングローブの根元に巣穴を掘るノコギリガザミ、ミナミコメツキガニなどが姿を現す。また世界でここだけにしかいないリュウキュウアユも、マングローブに守られて暮らしている。

マングローブの幼木

上／赤い花をつけるオヒルギ
右／成熟した種子は川に落ち、新たな土地を求めて旅に出る

リュウキュウアユ

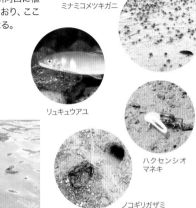

ミナミコメツキガニ

ハクセンシオマネキ

ノコギリガザミ

タイワンヤマツツジ復活への挑戦

　大和村の宮古崎──。海に張り出した岬への遊歩道から見る景色は奄美大島が誇る絶景のひとつだ。一方でここは島民の反省の地でもある。かつてこの一帯には、タイワンヤマツツジが群生し、春になるとあたり一面が真っ赤に染められた。しかし遊歩道の整備により盗採が相次ぎ、一株残らず消えてしまったのだ。平成15年、国直青壮年団を中心にツツジ再生委員会が立ち上がり、挿し木による植栽用の苗木作りを開始。幾度とない失敗を乗り越え、7年目にして苗木作りに成功した。いつか、再びこの岬に赤い花を見ることができるはずだ。

左／タイワンヤマツツジの再生に尽力する中村修さん　右／ツツジを植栽しながら歩くイベント、「宮古崎つつじウォーク」は毎年大盛況だ

おいしいものから
おしゃれ雑貨まで
勢揃い!

とっておき 島みやげ

世界に
平和と緑を!

島の味覚からおしゃれな雑貨まで、バラエティに富んだアイテムが
揃う奄美。島ならではのこだわりのおみやげを探そう!

買えるお店（Ⓐ〜Ⓣ）は P.29 へ

奄美の恵みを お裾分け! 島の味

さわやかなタンカンを使ったお菓子は、誰にあげても喜ばれること間違いなし! 調味料を買って、自宅で島の味を再現するのもおすすめ。

鶏飯＆レトルト

奄美を代表する郷土料理、鶏飯や地元の食材を使ったレトルトカレーをおみやげに♪

880円
鶏飯セット
スープ、肉、具がそれぞれ別にパックされた一人用セット Ⓙ

210円
フリーズドライ鶏飯
夜食や登山食に。お湯をかけるだけのお手軽鶏飯 Ⓠ

864円
宇検村スパイスカレー パパイヤ
宇検村産のパパイヤを使ったカレー。スパイスが効いている Ⓡ

864円
宇検村スパイスカレー イノシシ
野生のリュウキュウイノシシを使用。滋養もたっぷり Ⓡ

調味料

地元産のサトウキビやミネラル豊富な自然塩など、豊かな自然の恵みから生まれた滋味あふれる味わいを自宅でも。

1836円
かけろまきび酢
サトウキビを原料に、酵母菌と酢酸菌で天然発酵させたまろやかな酢。ミネラル、食物繊維が豊富 Ⓣ

750円
594円

マシュ（天然塩）
奄美の海水を昔ながらの製法で煮詰めて作った塩 Ⓣ（右）Ⓠ（左）

ヤマア 特上粒島味噌
やや甘めで粒の食感が残る味噌。そのままご飯のお供に、豚や魚とあえて自家製お総菜を作ってもOK Ⓙ

496円

880円
ざくざく 島ニンニク
香りが強い島ニンニクを国産菜種油で漬けたもの。料理のアクセントに Ⓔ

こんな感じ

330円
豚みそ
豚肉を粒味噌で漬け込んだお総菜。何杯でもご飯が進んでしまう危険な味! Ⓠ

1250円
それいゆ ハニー
島に咲くシロノセンダン草の白い花を中心に、ミツバチたちが集めてきた花の蜜。季節によって味が異なるのも楽しい Ⓘ

450円
喜界島 粉糖
細かな粉末状の黒糖。溶けやすいので、紅茶などの飲み物に Ⓗ

350円
加計呂麻 黒糖
昔ながらの製法で作る黒糖はミネラルたっぷり、優しい甘さ Ⓠ

各810円
島きびすタバスコ（左）
島みかんタバスコ（右）
喜界島生まれのタバスコ。さわやかな島ミカンとミネラルたっぷりのサトウキビを使用した奥深い味わい Ⓝ

これはすごい!

ナッティーな香りがたまらない
喜界島産 100%のゴマ油

香りのよさで評判の喜界島の白ゴマのなかでも特にえりすぐった白ゴマを100%使い、苦みを抑えるために浅く煎って搾油。香ばしくナッティーな風味に、これまでのゴマ油の概念を覆されるだろう。この至高のゴマ油は炒め物などに使うより、食べ物にかけて味わって。意外にもバニラアイスにかけても絶品だ。Ⓝ

2291円 喜界島産白胡麻油 45g

フルーツ&ドリンク

タンカン、パッションフルーツなど果物が豊富な奄美。旬の香り高いフルーツを凝縮したジャムや、島素材を使ったドリンクはいかが？

780円

花良治マーマレード
香り高い花良治ミカンのマーマレード。そのまま食べるだけでなくお菓子の材料にしても Ⓗ

842円

島グアバ茶
加計呂麻島産の無農薬グアバ茶。糖の吸収を穏やかにするので食事と一緒に Ⓐ

各748円〜

奄美麦酒醸造所 ビール各種
奄美大島で唯一のクラフトビールブルワリーが作る地ビール。純黒糖ブラウンエールやソルティーシークニンサワーエールなどフレーバーもさまざま Ⓔ

700円

奄美たんかんマーマレード・奄美すももジャムセット
さわやかな香りがぎゅっとつまった、大和村特産のタンカンとスモモのジャム Ⓢ

800円

島レモングラスティー
島で育ったレモングラスのハーブティー。すっきりとした香りでリフレッシュ。ティーバッグ3つ入り Ⓝ

パッションフルーツジャム
酸味の利いた加計呂麻島産のパッションフルーツのジャムは、島ざらめで自然な甘さに Ⓓ

800円

740円

ドリップパックコーヒー
宇検村にある、とよひかり珈琲店が自家焙煎したコーヒーパック。4袋入り Ⓡ

スイーツ

島の素材を使ったスイーツは、和、洋ともに種類豊富。パッケージもおしゃれなのでおみやげに喜ばれそう♪

1080円

378円

amamini 黒糖胡麻クッキー
奄美産のサトウキビと風味豊かなゴマをたっぷり使ったクッキー。おみやげにもぴったり Ⓒ

各370円

アンティカのジェラート
名瀬のジェラート店「アンティカ」のカップジェラート。島バナナ、ミキ、黒糖焼酎などフレーバー多数 Ⓡ

あまみ黒糖ショコラ
奄美産の黒糖をチョコレートで包み、ココアパウダーをコーティング。苦甘くほろりと溶ける食感が新鮮 Ⓒ

奄美をイメージしたパッケージ

1260円

ネサリチョコレート
厳選したカカオと奄美大島のきび砂糖で作ったチョコレート。ドミニカやハイチなどさまざまな味わいがある Ⓑ

324円

160円

680円

みそピーナツ
ピーナッツと味噌の相性抜群。おやつにもお酒のお供にも Ⓙ

まめぼっくり
ピーナッツに黒糖をからめた香ばしいお菓子。思わず手がとまらなくなるおいしさ Ⓠ

シーグラスグミ
まるでシーグラスのようなきれいな色合いのグミ。味は、ペパーミントや黒糖、パッションフルーツ、ラムネ Ⓟ

108円

こんな感じ

黒うさぎの子守唄
こしあん入りのふんわり軟らかな黒糖饅頭 Ⓕ

27

伝統工芸から
新進気鋭の
デザイナーズ
アイテムまで

島の工芸&雑貨

緻密で美しい奄美の伝統工芸大島紬や奄美にすむ毒ヘビハブの革細工、島のアーティストの雑貨など大切にしたいアイテムがずらり！

참考商品

緻密な柄にうっとり

大島紬

雑貨なら手軽に手に入れることができる大島紬。旅の思い出にひとつは手に入れたい。

1万4300円

小銭入れ
鮮やかな革と大島紬を組み合わせた小銭入れ ⑥

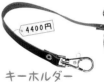
4400円

キーホルダー
ハートと紬の組み合わせがキュート。大切な人へのおみやげに ⑥

トレンチコート
高品質の大島紬をコートに仕立ててモダンに。軽く暖かで着心地バツグン ⑧

4万4000円

長財布
使うほどに手になじむ長財布。革のカットが美しい ⑥

バレッタ
2430円
2970円

髪留め
髪をシックにまとめるバレッタは、洋装にも和装にもマッチ ⑧

飲んでよし、身につけてよし

ハブグッズ

ハブの革には魔よけの力もあるとか。革や骨を使ったアクセサリーを身につけて運気 UP。

ハブ骨のネックレス
ビーズと金具をつなぐのはハブの骨。さりげないハブ感がおしゃれ Ⓛ

各1980円

2200円

ハブ革キーホルダー
ハブの革をていねいになめし、編み上げたキーホルダー。お好みの色を選んで Ⓛ

2970円

Tシャツ
ハブを大胆にあしらったオリジナルTシャツ Ⓛ

HABU

360円

各1760円

ハブ骨ピアス
ハブの骨を使ったピアス。まるで白いサンゴのような白い部分がハブの骨 Ⓛ

各3300円

550円

ハブマスキングテープ
ぺたっと貼ればまるでハブ！ ノートや封筒のアクセントに Ⓛ

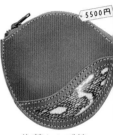
5500円

奄美ハブ酒
生ハブのエキスを黒糖焼酎に抽出した薬用酒。まずはお試しサイズ（50mℓ）で Ⓠ

蛇豆ブレスレット
yui
原ハブ屋オリジナルビーズを使ったブレスレット。アンクレットとしても使用できる Ⓛ

550円

ハブ革お守り
財布に入れて持ち歩ける、カードタイプのお守り。これは効きそう！ Ⓛ

牛革とハブ革の小銭入れ
使えば使うほど味が出る本革とワンポイントのハブ革がクール Ⓛ

カジュアルウエア&雑貨

島で生まれ育った人、島に惹かれやってきた人、さまざまなアーティストが島にインスピレーションを得て生み出すアイテムたち。

3850円

Tシャツ（キッズ）

奄美に生息する生き物が描かれたTシャツ。暗闇で光を当てるとイラストが浮かび上がる（大人用もあり）Ⓐ

3850円

アマミノクロウサギTシャツ（キッズ）

アマミノクロウサギが描かれたTシャツ。各色ありⓘ

2640円

奄美ビーチサンダル

ソールとストラップを自由に組み合わせることができるサンダル Ⓚ

各990円

タオルハンカチ

島の野生動物を刺繍した、草木染めのオーガニックタオル。売り上げの一部が自然保護団体に寄付される Ⓗ

2520円（子供用）

Amami Land Tシャツ

奄美の地図をベースに土地の名物をあしらった人気Tシャツ。カラーは年ごとに変わる Ⓜ

3300円（大人用）

1320円

Amami Tropicaland Towel

奄美の名物を描いた肌触りのよいタオル Ⓜ

ヤギミルクせっけん・ハチミツせっけん

ハチミツとヤギミルクを配合した肌に優しい石鹸。きめ細かな泡立ちで洗顔にも Ⓞ

1500円（2個セット）

島ヤギブローチ

羊毛で作ったブローチ。小ぶりながらインパクト大 Ⓟ

3900円

1320円

大判ハンカチ

奄美大島に暮らす絵本作家、ミロコマチコさんが描く生き物があしらわれた大判ハンカチ Ⓝ

ここで買えます！

何が出るかな？

どきどき☆わくわく がじゃがじゃにトライ

おやつに、おみやげにオススメ！

自動販売機の隣や市場の一角にたたずむ1台のガチャガチャ。普通のガチャガチャではない。中身はすべて島の特産品である黒糖を使った手作りの豆菓子。気軽な気持ちで買ってみたら、意外なおいしさに、ついつい続けてガチャガチャ……という人が続出だとか。

「黒砂糖をまぶされて僕らは大人になるんだ」とつぶやく謎の少年(?)まめがじゃ男を見かけたら回してみて

がじゃっ！

なんだろ？

ケンムンのおやつ（黒糖豆菓子）が出てきた！

設置場所：ばしゃ山村、奄美空港、国直ビーチ、TSUTAYA名瀬店ほか（設置場所の変更の可能性あり）

島のおいしいもの、大集合！

絶対食べたい

島グルメ

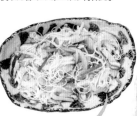

「しまじゅうり」と呼ばれる奄美の郷土料理。薩摩料理、沖縄料理の影響を受けつつ、鶏飯や粒味噌など独自の食文化も発展した。島野菜や、豊かな海の幸を堪能しよう。

島料理

島に来たら、ぜひ黒豚や鶏、島野菜、地魚など、地の物を使った郷土料理を味わいたい。全体的に黒糖を使った甘めの味つけが特徴だ。

鶏飯
ご飯に鶏肉などの具材をのせ、うま味たっぷりの鶏スープをかけて食べる郷土食。
●鶏飯特集→ P.44

ふ〜グランプリ優勝作だよ

奄美黒豚パパイヤ丼
1000 円
甘辛く味つけされた、青パパイヤ、島の黒豚、イモの茎がのり、ご飯が進む！
●奄美鶏飯と島料理の鳥しん→ P.44

油そうめん
750 円
ゆでたそうめんをだし汁、野菜と炒めた奄美の代表的な家庭料理。
●奄美鶏飯と島料理の鳥しん→ P.44

豚足
400 円
コラーゲン豊富な豚足は、焼けばぷりぷり、煮ればトロトロの食感が楽しめる。
●けいはん ひさ倉→ P.45

奄美島豚あかりんとんのしゃぶしゃぶ
一人前 2180 円
コクとうま味のある島豚は、かつおと昆布のだしでシンプルにいただくのが一番。
●郷土料理レストランあさばな→ P.86

山羊汁
1100 円
滋養強壮料理としても食べられる。たっぷりの薬草を用いているのでくさみがなく食べやすい。
●奄美鶏飯と島料理の鳥しん→ P.44

海鮮丼（中）
1500 円（マグロ付き）
クロマグロ、イカなど日替わりの魚がのった海鮮丼。
●シーフードレストラン 海の駅→ P.47

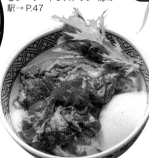

奄美薬膳そばセット **1650 円**
薬膳そばに黒豚軟骨、薬膳かき揚げなど、長寿の島奄美大島で古くから家庭に伝わってきた料理を詰め込んだ膳。
●奄美薬膳 つむぎ庵 → P.47

とろとろ黒豚なんこつ丼 **980 円**
トロトロになるまで煮込んだ黒豚の軟骨をたっぷりのせた丼。甘辛いたれに温玉が絡んで絶品。
●奄美薬膳 つむぎ庵→ P.47

軽食&スイーツ

ビーチで遊んだあとやドライブの途中でリフレッシュしたい、目にもキュートな軽食&スイーツ！

ウミガメバーガー
700円
カメの形をしたバンズに、白身魚のパテを挟んだキュートなバーガー。
●奄美海洋展示館→ P.83

泥染めラテ
550円
奄美の伝統工芸、泥染めをイメージしたラテ。混ぜるとグラデーションができてステキ。
● Tropica Amami → P.49

ルリカケス
550円
ハイビスカスティーシロップと、バタフライピーティーのダブルカラーが美しいソーダ。奄美の森に生息するルリカケスをイメージ。
● Tropica Amami → P.49

真っ青なソーダに吸い込まれそう

口当たり軽くあと味すっきり

大和村特産のスモモがさっぱり

ヤギミルクソフトクリーム
450円
低脂肪で高タンパクのヤギミルクを使ったソフトクリーム。驚くほどクセがなく、さっぱりしている。
●それいゆふぁーむ → P.93

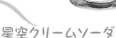

星空クリームソーダ
750円
奄美の海や空のようにクリアなソーダに濃厚ソフトクリームをオン。溶けて混ざるとまたおいしい。
●みしょらんカフェ→ P.48

すももソフト
350円
スモモ（奄美プラム）の産地、大和村の特製ソフト。さわやかな酸味と淡いピンクの色合いが魅力的！
●大和まほろば館→ P.101

万能発酵飲料 ミキ 飲み比べ

奄美の不思議な飲み物

バランス感◎

花田のミキ
適度な粘度に米粒感、甘味に酸味。ミキに求めるインパクトが、ほどよく備わっている。

甘味	★★☆
酸味	★★☆
まったり感	★★☆
つぶつぶ感	★★★

とにかく玄人向け

みき 東米蔵商店
粘度が高くパックを傾けてもなかなか流れ出ない強情さん。粒感は大きく、酸味も強い。

甘味	★★☆
酸味	★★★
まったり感	★★★
つぶつぶ感	★★★

口当たりまろやか

島とうふ屋 奄美みき
さらりとしていて、初心者にもおすすめ。酸味も甘味も控えめで清純派ミキという風情。

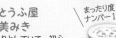

甘味	★☆☆
酸味	★★★
まったり感	★★☆
つぶつぶ感	★★☆

まったり度ナンバー1

ミキ 栄食品
原料は米と砂糖のみ。酸味や米の粒感は一切なく、もったり、まったり。

甘味	★★☆
酸味	★☆☆
まったり感	★★★
つぶつぶ感	★☆☆

ミキってなあに？
島内のスーパーで見かけるミキ。米やサツマイモなどを発酵させて作る飲み物で、古くは祭事に供えられる神聖な飲み物とされていた。栄養価が高く、近年まで各家庭で作り愛飲されていたという。現在は、若者にはややマイナーな存在だが、根強いファンも多く、市販のミキを数日寝かせて、好みの酸味に育てて味わうという通も。まったり感が苦手な方は豆乳とのハーフ&ハーフで味わってみて。

奄美 島人インタビュー 1
Islanders' Interview

ラジオに出る人と聴く人がつながる
コミュニケーションがおもしろい。

うがみん
しょうらん！

昼の生放送「ヒマバン・ミショシ〜ナ！」は、末広市場内のスタジオから。ぜひ聴いてみよう

あまみエフエム パーソナリティ 渡 陽子さん（わたり ようこ）

あまみエフエムは
島情報がいっぱい

　周波数77.7MHz、島の情報を生きいきと伝える「あまみエフエムディ！ウェイヴ」のパーソナリティを務める渡さん。朝・昼・夕の生放送のうち、毎日12:00〜13:00の「ヒマバン・ミショシ〜ナ！」は末広市場の一画にあるスタジオから発信され、見学はもちろん、飛び込み参加も大歓迎だという。

　「番組名はシマ口（島の方言）で『お昼ご飯、召し上がりましたか？』という意味です。島の情報いっぱいで、どこそこの家に赤ちゃんが生まれたよーなんてローカルなものか

ら、気象情報、知ってるようで知らない島のうんちくクイズなど、盛りだくさんですよ」

　スタジオは駄菓子屋を併設していて放送中にもお客さんが来るし、市場のざわめきも入り込む。

　「学校が休みの時期には、お菓子を買いに来る子供たちに毎日出演してもらってました。『宿題どうなの』とか『ばあちゃんに向けてのメッセージを』とか。子供が出ると和みますね。毎日のように会うから仲よくなるし、人が集まるところでは顔見知りができてコミュニケーションが生まれる。小さな島だからラジオに出る人と聴く人がすぐにつながって、島のコミュニティをつくるのがおもしろいんです。だから通りすがりの奥さんも観光の方にも、みんなに出てもらいたいんですよ」

覚えて使ってみたい
奄美に伝わる言葉

　放送では、特有のリズム感がある島の言葉も印象的だ。

　「この頃では、シマ口はばあちゃん

世代の言葉という感覚が強いんです。私たちの世代は聞くことはできるけど、今の子供たちにはわからない子がいっぱいいますね。シマ口を覚えてほしい、楽しんでほしいと思うんです。それで表に『うがみんしょうらん、ありがっさまりょうた』（こんにちは、ありがとうという意味）と書いた紙を貼って、実際に使って覚えてもらえるように声をかけています」

　会話に頻出する「あげ〜」「はげ〜」という間投詞も耳に残る。

　「みんながいちばんよく使うシマ口ですね。驚き、喜び、悲しみなど、強さや抑揚を変えていろんな感情を表現できるんです。観光客でもしばらく島にいたらうつっちゃう人がいっぱいいますよ（笑）」

店に来る子供たちとも交流。「いつか島を離れることがあっても懐しく思い出してほしい」

タイプ別、おすすめルートをご紹介

奄美の巡り方
Recommended Routes

ビーチから森までさまざまな顔をもつ奄美。
アクティビティ三昧もよし、ひとり旅もよし、
それぞれのスタイルに最適なルートをご提案。

奄美文化も自然も丸ごと楽しむ！

奄美大島満喫プラン

2泊3日

薩摩と琉球の中間に位置し、その両方の影響を受けながら
独自の文化を育んだ奄美大島。五感をフルに使って体験しよう。

1日目

北部のカルチャーと
絶品鶏飯を味わう

総距離 約42km

1. **13:00** 絶品鶏飯のランチ
2. **14:10** あやまる岬で絶景
3. **14:40** 奄美パークへ
4. **19:00** ナイトツアーに出発
5. **22:00** 名瀬で遅めのディナー

夜にしか
会えません

2日目

奄美カルチャーの
神髄に触れる

総距離 約41km

6. **9:00** ジャングル散策
7. **14:00** 大島紬に触れる
8. **16:00** ジェラートで休憩
9. **16:30** ハートを見る♡
10. **19:00** 島唄ライブへ

フルーツのスムージー
でリフレッシュ

3日目

アクティビティを楽しみ
おみやげもゲット

総距離 約82km

11. **9:00** マングローブカヌーへ
12. **12:00** 島食材の健康ランチ
13. **13:00** 奄美の自然を体感
14. **14:30** ふたつの海を見る
15. **15:00** ハブグッズをゲット

ハブグッズは
おみやげにどうぞ

1日目 **13:00** 車で15分 → **14:10** 車で20分 →

**1 売り切れ御免の
絶品鶏飯を味わう**

奄美大島で随一とうわさされる鶏飯の名
店へ。なくなり次第閉店なので急いで。
元祖 鶏飯みなとや →P.44

早朝から仕込むというスープが絶品

**2 奄美十景に指定された
あやまる岬へ**

高台から美しい海岸線を一望するポイン
ト。左手に笠利崎、右手に土盛海岸、
目の前には太平洋が！ →P.90

公園を併設する島民の憩いの場

2日目 **9:00** 車で35分 → **14:00** 車で5分 →

**6 ジャングルみたい！
金作原を散策**

金作原は個人では行けないので、認定ガ
イドのいるツアーに参加しよう。奄美の自然
について理解も進む！ →P.72

木が生い茂り神秘的な雰囲気が漂う

**7 大島紬の奥深さに
触れてみる**

複雑な工程を経て生み出される大島紬。
泥染めや機織りなどの工程を体験してみ
よう。大島紬村→P.55

染料に浸した布を泥田で洗う泥染め

3日目 **9:00** 車で40分 → **12:00** 車で15分 →

**11 住用川に広がる
マングローブを探検！**

奄美大島中部には国内第2位の広さを誇
るマングローブ林がある。水路をカヌーで
探検してみよう。 →P.100

訪れる前に満潮時刻を確認しておいて

**12 島の野草をふんだんに使った
ヘルシーなランチでほっこり**

ハンダマや長命草など島で古くから食べら
れてきた薬草や島豚などを使った料理がお
いしい。奄美薬膳 つむぎ庵 →P.47

薬草を練り込んだそばも名物

奄美大島

プランニングのコツ

じっくり、わいわい、どちらが好み？

シマ唄ライブハウスは3軒あり、吟亭はじっくり聴くタイプ、かずみとまあじんはみんなで踊り歌い盛り上がるタイプ。お好みのほうへどうぞ。

14:40 → 車で30分 → **19:00** → 車で30分 → **22:00**

3 奄美の歴史や文化を体系的に学ぼう

映像や展示で楽しく奄美の歴史を学べる鹿児島県奄美パークへ。「田中一村記念美術館」を併設している。→ P.90

展望台から景色を楽しんで！

4 アマノクロウサギに会いに行く！

アマミノクロウサギは夜行性。会うためにはツアーに参加して。リュウキュウコノハズクやオットンガエルも見られるかも。→ P.74

臆病なウサギを驚かさないように！

5 遅めの入店OKの名瀬で満足ディナー

宵っぱりの店が多い名瀬の町はナイトツアー終了後の遅めのディナーもOK。Cafe & Bar pono pono → P.86

創作料理とお酒を楽しんで

16:00 → 車で3分 → **16:30** → 車で35分 → **19:00**

8 奄美の素材を使ったひんやりジェラート♪

タンカンやパパイヤ、黒糖など、奄美生まれの素材を使ったジェラートでひと休み。La Fonte → P.93

素朴な味に癒やされる〜

9 海岸沿いに生まれた天然のハート

ビーチに点在する潮だまりのひとつ。きれいなハート形になっており、これをカップルで見ると幸せになれるとか。→ P.93

干潮時にしか見られないので注意

10 目の前で繰り広げられるシマ唄ライブに感動！

奄美の伝統芸能、シマ唄を楽しもう。名瀬には食事をしながらシマ唄をライブで聴ける店が3軒ある。→ P.58

曲を重ねるにつれ、熱気が立ち込める

13:00 → 車で5分 → **14:30** → 車で25分 → **15:00**

13 美しい映像や音に包まれて奄美の自然を全身で感じる

マングローブパークの隣にオープンした「奄美大島世界自然遺産センター」へ。しかけがいっぱいで楽しく学べる。→ P.21

奄美の森の1日の移ろいを感じる

14 東シナ海と太平洋一度にふたつの海を見る

加世間峠（2つの海が見える丘）へ。左側に東シナ海、右側に太平洋が望める絶景スポット。→ P.93

標高150mから見る不思議な景色

15 原ハブ屋 奄美で粋なハブグッズを手に入れる

奄美を旅してハブに親しみをもったのでは？センスのよいハブグッズが欲しくなったら原ハブ屋 奄美へ。→ P.92

アクセサリーや雑貨はおみやげにも

のんびり島情緒を満喫

加計呂麻島満喫プラン

奄美大島の南西に浮かぶ加計呂麻島。
大型ホテルやスーパーのない、のどかな島を2泊3日で満喫!

1日目 バスとフェリーで加計呂麻島を目指す

- ① 11:00 バスで古仁屋へ
- ② 11:30 海鮮ランチ
- ③ 12:30 食材を仕入れる
- ④ 14:00 フェリーで瀬相へ
- ⑤ 14:30 島の情報をチェック
- ⑥ 16:00 チェックイン

伊子茂にいます!

2日目 レンタカーでゆったり島をドライブ

総距離約84km

- ⑦ 10:00 ビーチで遊ぶ
- ⑧ 12:00 隠れ家カフェでランチ
- ⑨ 13:00 戦跡から絶景を
- ⑩ 15:00 デイゴ並木を散策
- ⑪ 15:30 カフェでひと休み

おみやげにどうぞ!

3日目 名残惜しくも島をあとにし再びのんびり空港へ

- ⑫ 9:00 ガジュマルを見る
- ⑬ 11:00 フェリーで古仁屋へ
- ⑭ 11:30 古仁屋でランチ
- ⑮ 13:30 マングローブ観賞

黒糖アイスでひと休み

1日目 11:00 　徒歩すぐ → 11:30 　徒歩5分

1 奄美空港到着 バスで一路古仁屋へ

空港から古仁屋のせとうち海の駅へは直通バスが出ている。所要2時間30分。のんびりバス旅を楽しもう。

奄美を横断するバス旅に出発

2 瀬戸内町特産のクロマグロで満足ランチ

瀬戸内エリアはクロマグロの養殖が盛ん。海の駅併設のレストランではクロマグロを使った料理が味わえる。→ P.47

奄美近海の魚介類を贅沢に

→ 16:00 　　　　　　2日目 10:00 　車で45分 →

6 島内をドライブして宿にチェックイン

加計呂麻島の宿は少ないので予約は必須。夜営業している飲食店も少ないため、食事付きでない場合自炊することになる。

古民家を改築した伝泊リリーの家

7 実久ブルーと呼ばれる島随一のビーチで遊ぶ

島の北西端にある実久ビーチは、透明度が高く、湾の先端あたりはサンゴの宝庫。スノーケリングセットを持参しよう。

日帰りツアーなどでも訪れるビーチ

→ 15:30 　　　　　　3日目 9:00 　車で約10分 →

11 ビーチを望むカフェでのんびりティータイム

かけろま館の2階にあるかけろまカフェ。黒糖やグアバなど島の素材を使った素朴なスイーツがおいしい。→ P.106

窓の外に広がる眺望もごちそう

12 大きなガジュマルの下でしばし童心に返る

幾重にも根の絡まる於斉のガジュマルへ。枝から垂らされたロープにつかまって、しばしターザンごっこ。→ P.105

集落を見守ってきた巨大な木

プランニングのコツ

時間に余裕をもって行動しよう

加計呂麻島への交通手段はフェリーか海上タクシーだが、海況によって欠航となることが多い。余裕をもってスケジュールをたてよう。

12:30 ／ 徒歩5分 ➡ **14:00** ／ 船で25分 ➡ **14:30** ／ 車で約40分 ➡

3 加計呂麻島に渡る前に 食材や飲み物を仕入れる

加計呂麻島にはスーパーがない。宿に食事が付いていない場合は、古仁屋のAコープや酒屋で食材を仕入れて。→ P.98

瀬戸内酒販で黒糖焼酎を仕入れよう

4 船に乗って 加計呂麻島の瀬相港へ

せとうち海の駅から船に乗って加計呂麻島へ。加計呂麻島には瀬相港と生間港のふたつがあるので目的に応じて選んで。

フェリーか海上タクシーで渡る

5 瀬相港に到着 港で島の情報をチェック

到着したら予約しておいたレンタカーを借りよう。まずは瀬相港にあるいっちゃむん市場へ向かおう。→ P.107

島の特産品のほか観光情報も揃う

12:00 ／ 車で1時間 ➡ **13:00** ／ 車で約15分 ➡ **15:00** ／ 徒歩すぐ ➡

8 森の中にたたずむカフェで 焼きたてパンとジャムを

嘉入集落にあるかけろまの森 marsaは、予約すると、焼きたてパンとスープ、手作りジャムのランチをいただける。→ P.49

島の素材を使った優しい味わい

9 軍事施設跡の高台から 大島海峡の美景を眺める

島の南西端にある安脚場戦跡公園。第2次世界大戦中に弾薬庫や要塞がおかれた高台から雄大な景色を眺める。→ P.106

戦争遺跡を巡り当時に思いをはせよう

10 樹齢300年にもなる デイゴの並木を歩く

65本以上の巨木が連なる諸鈍のデイゴ並木。5～6月に深紅の花をつけるが、花の時期以外も見応えがある。→ P.105

『男はつらいよ』のロケ地としても有名

11:00 ／ 徒歩5分 ➡ **11:30** ／ バスで20分 ➡ **13:30**

13 いよいよ島とのお別れ 船で古仁屋へ

瀬相港から船で古仁屋へ。車を運ばないならば、海上タクシーも利用できる。海上タクシーは1日8往復程度。

島の人の足として活躍する海上タクシー

14 古仁屋に到着 ハンバーグのランチ

港から徒歩10分の肉バル RIB へ。地元でも愛される、肉汁たっぷりのハンバーグをほお張ろう。→ P.97

島豚を使ったジューシーなハンバーグ

15 マングローブパークで カヌーを楽しむ

再びバスで空港へ。飛行機の時間まで余裕があるなら、マングローブパークに立ち寄ってカヌーに挑戦してみて。→ P.100

広大なマングローブ林を探検

のどかなサトウキビ畑を楽しむ！

喜界島＋大島北部巡り

2泊3日

奄美大島の東の海に浮かぶ隆起サンゴでできた平らな島、喜界島と、
風光明媚な奄美大島北部の見所をあますところなく巡る。

1日目 飛行機で喜界島まで びゅ〜っと到着
総距離 約27km

- ① 11:00 喜界空港着
- ② 11:20 喜界地下ダムに驚く
- ③ 13:00 喜界町埋蔵文化財センター
- ④ 14:00 サンゴカフェで休憩
- ⑤ 15:30 サトウキビの一本道

1日目 11:00 車で7分 → 11:20 車で12分 →

1 空路で到着 喜界空港からスタート

こぢんまりしたかわいらしい喜界空港。空港前でレンタカーを借りてスタート。レンタカーは予約しておこう。

奄美と鹿児島からの飛行機が到着する

2 喜界島の地下に広がる 巨大なダムを見学

農業用水を確保するために造られたダム。工事は生態系を損なわないようトンネルを掘って作業が進められた。→ P.115

島の地下にあるダムに驚愕

2日目 奄美大島へ移動し 大島紬に触れる
総距離 約23km

- ⑥ 9:00 ビーチでひと泳ぎ
- ⑦ 10:40 飛行機で奄美大島へ
- ⑧ 12:00 鶏飯のランチ
- ⑨ 14:00 大島紬村へ
- ⑩ 17:00 ホテルにチェックイン

喜界島特産の
ゴマ油！

2日目 9:00 車で5分 → 10:40 飛行機で20分 →

6 飛行機の出発まで 喜界島のビーチを楽しむ

喜界島には美しいビーチが多い。空港から目と鼻の先のスギラビーチで出発までの時間を楽しもう。→ P.108

シャワーや更衣室もある

7 飛行機に乗って 奄美大島へ移動

喜界空港から奄美空港まではおよそ20分のフライト。眼下には美しい海が広がる。到着したらレンタカーを借りて出発！

眺望が楽しいフライトだ

3日目 海を満喫したあとは 奄美の文化をおさらい
総距離 約35km

- ⑪ 9:00 ビーチで遊ぶ
- ⑫ 10:30 ヤギソフトで休憩
- ⑬ 11:00 ハートの岩を見る
- ⑭ 12:00 ビッグⅡでおみやげ探し
- ⑮ 13:00 奄美パークへ

鶏飯を
おみやげに！

3日目 9:00 車で20分 → 10:30 徒歩5分 🚶

11 早朝の崎原海岸で 白砂のビーチをひとり占め！

湾になっている崎原海岸は波の穏やかな美しいビーチ。朝イチなら、プライベートビーチ状態。→ P.80

シャワーがあるので遊んだあとも安心

12 ヤギのミルクを使った ソフトクリームで休憩

それいゆふぁーむの冷たいソフトクリームでリフレッシュしたあとは駐車場に車を停めて、ハートロックまで足を延ばそう。→ P.93

広々としたガーデンでひと休み

奄美大島

加計呂麻島

喜界島

絶景は時間帯に注意

潮の干満や日没時刻を確認

島のフォトジェニックスポットは、太陽の向きや潮の満ち引きに左右されるので、最も美しく見える時間をチェックしてから行こう。

13:00 　　　　　車で20分 🚗➡　**14:00**　　　　　車で20分 🚗➡　**15:30**

3 喜界島には大集落があった!? 出土した遺跡に興奮

奄美大島よりも早く集落が誕生したと推定される喜界島。出土品や遺跡の様子を紹介。喜界町埋蔵文化財センター→ P.110

島の様子が徐々に解き明かされる

4 サンゴ礁科学研究所併設の カフェでひと休み

サンゴカフェでは、北海道オムカレーや喜界島アールグレイなど、島や提携研究先の特産を使ったメニューを用意。→ P.111

小腹がすいていたら軽食をどうぞ

5 天まで続く一本道で SNS 映え写真を撮る!

喜界島の主産業はサトウキビ。およそ2.5km にわたって延びる一直線の道路は天まで続くよう。→ P.43, 109

車の往来には気をつけて!

12:00 　　　　　車で15分 🚗➡　**14:00**　　　　　車で20分 🚗➡　**17:00**　　　　　車で20分 🚗➡

8 誰もが絶賛する名店で 鶏飯のランチ

開店と同時に続々と客が訪れる鶏飯の名店鶏飯 みなとや。売り切れ次第終了なので、まずはここに向かおう。→ P.44

鶏のうま味が凝縮したスープに感動

9 大島紬村で 泥染めや機織り体験を

大島紬に関する展示や体験ができる大島紬村。奄美大島の伝統工芸、大島紬の魅力に存分に触れてみて。→ P.54

泥染めでオリジナルハンカチを制作♪

10 海に面した リゾートホテルにチェックイン

北部にはリゾートホテルが多い。THIDA MOON は薬草風呂やミストサウナなどを備えた大浴場が人気。→ P.67

プールでのんびり過ごして

11:00 　　　　　車で10分 🚗➡　**12:00**　　　　　車で5分 🚗➡　**13:00**

13 恋がかなう!? ハートロックを見に行く

岩がハート形に浸食された通称「ハートロック」。出現するのは干潮時なので、時間をチェックして出かけて。→ P.93

見つけると恋が成就するとか

14 自分みやげもバラマキも 何でも揃うビッグⅡ

大型スーパービッグⅡは、黒糖、鶏飯の素、黒糖焼酎などひととおりのおみやげが手に入る。リーズナブルなのも◎。→ P.94

屋外にはミニ動物園がある

15 奄美パークで 奄美のあれこれをおさらい

奄美の歴史、地理、風俗などを紹介する奄美パーク。自然や文化など、旅行中に気になったことが解決するはず。→ P.90

レストランや無料の展望台も併設

奄美 島人インタビュー 2
Islanders' Interview

数年後に、奄美をバニラ・アイランドに。
新たな産業で、島を元気にしたいんです。

サヤを収穫後、発酵や乾燥などの工程を経て、甘い香りを放つようになる

AMAMIバリュープロデュース　**林 晋太郎** さん
（はやし しんたろう）

タンザニアと奄美が似てる!?
地元奄美でバニラ栽培に着手

　奄美大島北部、笠利町のビニールハウスで林さんが育てているのはバニラの苗だ。甘く馥郁たる香りで、お菓子作りに欠かせないバニラ。ランの仲間で、種子を含むサヤがあの香りの正体。生産地はマダガスカルやインドネシアの熱帯地域で、日本ではほぼ輸入に頼っている状況だ。

　「九州大学農学部卒業後、農林水産省に入省し、農業分野を軸に地域活性事業に携わりました。その後タンザニアに駐在し、バニラに出合ったんです。タンザニアと奄美は、気候や風景がよく似ているんです。雨が多く温暖で、バナナやソテツなどが自生していて……。そこで奄美でバニラが栽培できないか

4～6月に花が咲き、11～12月に収穫を迎える

というアイデアが芽生えたんです」

　常々、地元奄美に役立つことをしたいと考えていた林さんは思いきって農林水産省を退職、島に戻りバニラ栽培に着手する。林さんの思いに賛同した有機栽培農家が、使っていないビニールハウスを貸してくれた。とはいえ農地は荒れ放題。まるまる2ヵ月かけて開墾し、120本のバニラを植えた。

　「現在は1700本育てています。実はバニラはとても強い植物で、無加温、無肥料、無農薬で育つんです。水やりもよっぽどのことがない限り、雨で大丈夫。近年は肥料や燃料が高騰しており、その経費が必要ないのは大きなメリットです。また島の農業でいちばんの敵は台風なんですが、ビニールハウスや作物の倒壊のほか、流通が止まる離島ならではの悩みがあります。どんなにおいしい野菜や果物ができても出荷できなければ、廃棄するしかない。バニラは収穫後、キュアリングという特殊な加工を施して独特の香りを発するようになるのですが、適切に保管していれば数年は劣化しません。廃棄のリスクも減らせるのです」

新規就農をサポートし
適正な価格でバニラを届けたい

　バニラの輸入価格は年々高騰し、価格はここ数年で4倍に。街の菓子店が気軽には使えない高級食材になりつつある。

　「数年後には何割かを国産バニラが補えたらと思っています。また島で就農を希望する人には栽培技術を提供するなどの支援を行う予定です。個々の農家が加工施設をもつのは大変だから、そこを弊社が請け負えば、各農家は栽培に専念できます」

　最初の収穫まではもう2、3年。それまでは輸入バニラの販売や農園見学を受け入れている。そしてもうひとつ、林さんが進めているプロジェクトがある。

　「島ザラメや塩、卵、果樹など地元の食材とバニラを使ったスイーツを提供するカフェ『Pole Pole』をオープンしました。バニラを使ったスイーツや軽食を提供します。観光客はもちろんですが、地元の家族連れなどが集まれる場所になるのが理想なんです」

　そう笑う林さんの笑顔は、島の未来を表すかのように輝いていた。

AMAMIバリュープロデュース　観光農園は所要1時間。1人2000円。9:00～11:30、13:30～16:00開催。詳細はホームページより問い合わせ。URL https://eternal-vanilla.com

さて、島に来て何をしましょうか?

奄美の遊び方
How to Enjoy

サンゴに囲まれた海や緑深い原生林で遊んだり、

大島紬や島唄などの伝統文化に触れたり、
好奇心を 100％満たしてくれる島の魅力。

海と森が織りなすダイナミックな景色を心に刻む

奄美を彩る絶景スポット10

真っ白なビーチに、サンゴに彩られた海、
マングローブ原生林に、シダの葉茂るジャングル。
多彩な奄美の表情に触れる旅に出よう！

❶
❷ ❻
❸
喜界島
❾ 奄美大島
❹
加計呂麻島 ❽
❼
❿

❶ 蒲生崎
かもうざき

MAP P.89B1

奄美大島の北部、海抜
120mの高台にある展
望台からは、一面に広
がる東シナ海と笠利湾
の景色を一望。空気が
澄んだ日にはトカラ列
島まで見える。→ P.90

❷ 崎原海岸
さきばる

MAP P.89B2

笠利湾に突き出した岬の先端にある隠れ
家ビーチ。海岸沿いのアダンの並木をく
ぐると、真っ白なビーチとエメラルドブ
ルーの海。思わずため息が出るような美
しさだ。→ P.80

❹ マングローブ
原生林

MAP 折り込み⑥ A2

奄美大島最長の住用川と役
勝川の合流する河口に広が
る、マングローブ原生林。黒
潮の森マングローブパーク
では、カヌーに乗ってマング
ローブ林を探検できる。
→ P.100

❸ 金作原
きんさくばる

MAP P.69

亜熱帯を代表する植物のひと
つ、巨大なヒカゲヘゴが茂り、
まるで太古の森のような濃密
な緑に包まれる。ルリカケス
やアマミノクロウサギなど、
地球上で奄美にしかいない生
き物の宝庫だ。→ P.72

❻あやまる岬
MAP P.89C2

「あやまる」という名は、なだらかな地形が、綾織りの鞠に似ていることからつけられたという。こんもりとした緑と海のコントラストが美しい。→ P.90

❼大島海峡の珊瑚礁
MAP P.68

奄美大島と加計呂麻島に挟まれ、東シナ海と太平洋を結ぶ大島海峡には約220種類ものサンゴが生息する。華やかな海中風景はシーカヤックや水中観光船で見てみよう。→ P.76

❺サトウキビ畑の一本道
MAP P.109C1

サンゴが隆起してできた喜界島。見渡す限りのサトウキビ畑が広がる島の中央を、およそ2.5kmにわたって貫く一本道は写真に収めたくなる風景。→ P.109

❽高知山展望台
MAP P.95B3

リアス海岸と美しい珊瑚礁に彩られた、大島海峡を一望できる展望台。眼下には古仁屋の町、大島海峡を挟んで対岸には加計呂麻島までダイナミックな風景が広がる。→ P.96

❾焼内湾に沈む夕日
MAP P.95B2

奄美最高峰の湯湾岳の麓、標高480mにある湯湾岳展望台からは、360度の眺望が楽しめる。特に幽玄の美をたたえる焼内湾の夕暮れは、旅人の心に深く刻まれる。→ P.99

❿諸鈍デイゴ並木
MAP P.103C3

時が止まったかのような、昔ながらの島の風景が残る加計呂麻島。諸鈍集落の海岸沿いに樹齢300年以上の見事なデイゴ並木が続く。5～6月は真っ赤な花が咲く。→ P.105

島人も通う 名店の鶏飯（けいはん）食べ比べ！

ご飯に鶏肉、ネギ、錦糸卵などの具をのせて、アツアツの鶏スープをかけて食べる、奄美を代表する郷土料理、鶏飯。滋味あふれる優しい味で、何度食べても食べ飽きない。

元祖 鶏飯みなとや

島人が愛する、現代鶏飯の発祥店

がんそ けいはんみなとや

昭和21年、初代女将が、鶏飯料理をアレンジし今の鶏飯を開発。"新鮮なスープが決め手"と、早朝からスープ作りを始め、なくなり次第閉店。絶妙な塩加減、濃厚なうま味の秘密は長年の経験だけ、と女将は笑う。

鶏飯 1100円

地元笠利町の鶏を丸ごと煮込んだ、滋味あふれるクリアなスープ

奄美鶏飯と島料理の鳥しん

すっきりとしながら濃厚なうま味が後を引く

あまみけいはん と しまりょうりのとりしん

"鶏飯の命"と店主の手島慎二さんが言うこだわりのスープは、鶏ガラと野菜を毎日10時間煮込み、澄んだ黄金色に仕上げたもの。香りづけのレモンの皮もさわやかで、バランスのよい味わいに地元のファンも多い。

鶏飯 1100円

茶碗2〜3杯分くらいの量があっておなかも満足

鶏飯の食べ方

①ご飯をよそう

具とスープが入ることを考えて、茶碗の半分くらいを目安に。

②具をのせる

おひつに残ったご飯とのバランスを考えつつ、彩りよく具をのせる。

③熱々のスープをたっぷりと

鶏肉のうま味が凝縮されたスープは、軽く混ぜてからご飯にかけて。

④さあ、召し上がれ！

冷めないうちに召し上がれ。1杯、2杯とお代わりをどうぞ！

voice　ついつい鶏飯にばかり目がいきがちだが、紹介した店では他にも自慢の一品料理が。ひさ倉ではとりさしや手羽焼きが人気。鳥しんは、油そうめんやヤギ汁など、郷土料理を豊富に揃える。Forestでは、無農薬野菜を使用したイタリアンやフレンチも。

**鶏飯
1200円**
自家菜園のパパイヤの漬け物も美味

鶏飯の歴史
薩摩藩の役人の
もてなし料理として誕生

奄美が薩摩藩の直轄地だった江戸時代、奄美北部（現在の笠利町）で藩の役人をもてなす高級料理として誕生したのが始まり。昭和20年代に、ご飯に具材をのせてスープをかける、現在のスタイルが確立した。以来、各家庭でも祝いの日などに作られるように。鹿児島県内の給食にも登場するなど、ソウルフードとして愛されている。

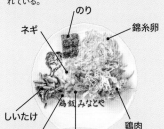

のり

ネギ

錦糸卵

しいたけ

鶏飯 みなとや

みかんの皮
季節によって、タンカンや喜界島の花良治ミカンを使用

大根の漬け物
店によってはパパイヤの漬け物を使うところも

鶏肉
鶏肉はモモ、ムネなどすべての部位を使用する

計算され尽くした端正な味わい

Forest ふぉれすと

鶏の雑味が出ないよう、3時間ほどコトコト煮込んで仕上げるスープはさっぱりと上品で、だしの味を大切にする和食出身のシェフならではの味。2杯目は、ネギ、ショウガなどの薬味を加えて味わいの変化を楽しんで。

**けいはん
1200円**

うちの鶏飯はうま味たっぷりだよ

地鶏のコクが
全身に染み渡る

けいはん ひさ倉
けいはん　ひさくら

ひと口食べてはっきりわかる鶏肉のうまさは、直営の養鶏場で放し飼いしている地鶏のみを使っているから。本物の奄美のおいしさを知ってほしいと、店主の久倉茂勝さんが今日も腕を振るう。

パパイヤの味噌漬け、天日干ししたタンカンの皮など薬味も凝っている

奄美鶏飯と
島料理の鳥しん　名瀬

鶏料理を中心に島料理や炭火焼きなど幅広いメニューを揃える。ひとりでも複数人でも利用しやすい。

MAP P.82C2
AiAiひろばから徒歩約3分。または道の島交通本社前からすぐ　奄美市名瀬伊津部町12-6　(0997)53-6515
時 11:00～22:30　水曜
駐車場 あり　カード 可

元祖 鶏飯みなとや　笠利

開店と同時に次々と客が訪れ、早い日には14時前に閉店してしまう人気店。著名人も絶賛する鶏飯はわざわざ訪れる価値がある。

MAP P.89B2
奄美空港から車で約15分。または赤木名から徒歩約2分　奄美市笠利町外金久81　(0997)63-0023　時 11:30～15:00頃（売切次第終了）
休 不定休　駐車場 あり

けいはん ひさ倉　龍郷

新鮮なとりさし盛950円などもおすすめ。いつもにぎわう人気店だが、テーブル席のほか座敷もありゆっくりと過ごせる。

MAP 折り込み②A1
奄美空港から車で約20分。または屋入からすぐ　奄美市龍郷町屋入511　(0997)62-2988　時 11:00～16:00（L.O.15:30）
休 不定休　駐車場 あり

Forest　龍郷

ホテル、ネイティブシー奄美内にあり、窓の外に広がる海の景観がすばらしい。自家製野菜を使った創作料理も評判だ。

MAP 折り込み② B1
奄美空港から車で約25分　プチリゾートネイティブシー奄美内(→P.94)　(0997)62-2385　時 11:30～15:00(L.O.14:30)、18:00～21:00(L.O.20:30)　休 なし　駐車場 あり

奄美の宿では、朝食ビュッフェやメニューのひとつとして鶏飯を用意しているところもたくさんありました。さらさら食べられるから朝にぴったりだし、毎日でも飽きない！　すっかりクセになったので家でもマネして作ってみよ～っと。

ほっこり和む 島食堂

せっかく島を訪れたなら、古くから伝わる島の郷土料理や、島の食材を使った料理が味わいたいもの。島人にも愛されるおすすめの店はこちら！

🍽 [龍郷町] 島とうふ屋
しまとうふや

ヘルシーな豆腐料理を懐かしさ漂う空間で味わう

奄美産のミネラル豊富なにがりで作った、ほのかに甘い自家製豆腐をメインに、地元の素材をふんだんに使った定食が味わえる人気店。おすすめは豚骨味噌煮、湯葉団子、おからいなりなどのお総菜がセットになった島とうふ屋定食2200円。軽く食べたいときには、島うどんセット750円や塩豚ぞうすいセット800円などをどうぞ。

MAP 折り込み②A2
🚃 奄美空港から車で約20分
🏠 龍郷町中勝1561-1
☎ (0997)55-4411
🕐 11:00 ～ 18:00(最終入店16:45)
休 なし 駐車場 あり

1 さまざまなお総菜が味わえる島とうふ定食。塩や砂糖などの調味料にもこだわり、しみじみとおいしい　**2** 食事をオーダーするとできたて湯豆腐もサービス　**3** 塩漬けにした豚の三枚肉を野菜とともに煮た、塩豚の煮物定食1200円　**4** 自家製豆乳やミキも味わってみて　**5** 懐かしさを感じるレトロな雰囲気の店内

🍚 [龍郷町] あらば食堂
あらばしょくどう

おっかんが受け継いできた島の家庭料理を召し上がれ

龍郷町の荒波地区のおっかん（お母さん）たちがそれぞれの家で受け継いできたシマの家庭料理が味わえる食堂。各家庭で味付けが異なるため、作り手によって同じメニューでもほんの少し味わいが変わるのも、この食堂ならではの魅力。人気は旬の食材をたっぷりと使った、おっかんの旬替わり定食1500円。ミキやドレッシングもすべて手作りだ。

1 季節の魚や野菜がたっぷりのおっかんの旬替わり定食。限定のため予約がおすすめ　**2** 1階が食堂、2階は宿泊施設になっている　**3** テーブル席のほか小上がりもある　**4** 魚でだしをとった味わい深いスープに豚肉のった島うどん800円　**5** 月桃茶やグアバ茶など、島のお茶を出してくれるのもうれしい　**6** 季節の果物を使った自家製ソースたっぷりのソフトクリームも人気

MAP P.89A2　🚃 奄美空港から車で約40分　🏠 龍郷町幾里423
☎ (0997)58-8842　🕐 11:00 ～ 14:00(ランチ)、14:00 ～ 17:00(カフェ)
休 水・木曜 駐車場 あり カード 可

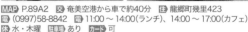

---

voice 名瀬の市街地に、早朝から行列のできる店がある。「サンドイッチカフェ 奄美」というコーヒーショップだ。モーニングは自家製のパンに具材たっぷりのサンドイッチとコーヒーがセットになって500円程度～。揚げたてのから揚げも島のソウルフードだ。

奄美薬膳 つむぎ庵
あまみやくぜん つむぎあん

長寿の島奄美の食を取り入れた薬膳料理を味わう

　100歳以上の健康なお年寄りが多い奄美大島。その理由は古くから日常の食事に薬草を取り入れていたからだと考えられている。つむぎ庵では住用町で栽培されたシマ桑、シマアザミ、長命草を練り込んだそばを考案。地域に伝わる料理とともに味わえる。

🅵薬膳そば、黒豚なんこつ、薬膳かき揚げ、シマ桑団子などが付いた、奄美薬膳そばセット1650円 🅶テーブルとカウンター席がある。開店と同時にすぐに満席に 🅷地域の農家と協力して食材の魅力を再発見し、特産品の開発を進めている 🅸店内では、大島紬など地域の特産品も販売 🅹じっくりと煮込んで軟らかく仕上げた、とろとろ黒豚なんこつ丼980円

MAP 折り込み⑥A2　🚗奄美空港から車で約1時間10分　🏠奄美市住用町大字役勝87　📞(0997)69-2390　🕐11:30～15:00　🈺不定休　🅿あり

あま海 あまみ

魚屋さんの一角でいただく鮮度抜群の海鮮丼

　古仁屋で評判の魚屋さんが、店舗の一角で海鮮丼を提供。瀬戸内町特産のクロマグロ入りの海鮮丼1300円は、季節の魚とクロマグロがたっぷり。その日のネタを使った海鮮丼は800円～とリーズナブル。

🅵海鮮丼はオリジナルのだし醤油とゴマが絶妙 🅶ショーケースのなかには珍しいネタもずらり 🅷古仁屋中心部に店を構える

MAP 折り込み③B3　🚶せとうち海の駅から徒歩約5分　🏠瀬戸内町古仁屋春日6-1　📞(0997)72-1280　🕐10:00～18:30（L.O.18:00)　🈺日曜　🅿あり

シーフードレストラン 海の駅
しーふーどれすとらん うみのえき

フェリーターミナル2階で瀬戸内町産の海鮮を味わう

　地場産の魚介類を使った料理が豊富。海鮮丼（中）1100円やマグロ丼（中）1800円が味わえる。日替わりのお刺身に角煮や茶碗蒸しが付いた島のお母さん定食1000円や、キハダマグロを使ったマグロ山かけ丼1000円も人気。

🅵海鮮丼（中）にプラス400円でクロマグロが追加できる 🅶その日のおすすめの海鮮が味わえる島のお造り定食1300円 🅷駐車場が広く立ち寄りやすいのもいい

MAP 折り込み③A4　🚶せとうち海の駅2階　🏠瀬戸内町古仁屋春日6-1　📞(0997)72-4633　🕐11:00～14:00　🈺なし　🅿あり

Voice　伝統的な奄美の郷土料理が味わいたければ名瀬にある「なつかしゃ家」へ。趣ある古民家で、ハンダマのゆで汁で炊いたご飯や、近海の魚介類など、奄美の地場のものや伝統料理がいただける。完全予約制で、コースのみ。詳細はInstagramをチェック。📷 id:natsukashaya

47

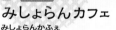

笠利町

奄美きょら海工房笠利店
あまみきょらうみこうぼうかさりてん

海を眺めながら自家製スイーツやパスタを

　奄美産の原料を使って自家製造した塩や黒糖を用いたスイーツが人気の菓子店「フランドール」のカフェ。スイーツはもちろん、注文を受けてから焼き上げるピザ1980円〜やパスタ1320円も人気。

1 自家製黒糖を使った純黒糖フレンチトースト1100円 **2** どの席も海を望む絶景 **3** 道路沿いにありわかりやすい

MAP 折り込み②C1　**交** 奄美空港から車で約10分　**住** 奄美市笠利町用安フンニャト1254-1　**電** (0997)63-2208　**時** 11:00〜18:00 (L.O.17:30)、ショップ9:00〜18:30　**休** 水曜　**駐車場** あり　**カード** 可

笠利町

みしょらんカフェ
みしょらんかふぇ

眼下に海を望む絶景ティータイム

　あやまる岬観光公園（→ P.90）内にあり、青い海と空を眺めながら食事が楽しめる。奄美群島の特産品が並ぶショップがあるほか、パンフレットやガイドブックが閲覧できるコーナーも。

1 窓の外に広がる海 **2** シフォンケーキ450円 **3** 芝生でごろごろするのも気持ちがいい

MAP P.89C2　**交** 奄美空港から車で約10分　**住** 奄美市笠利町須野682　**電** (0997)63-8885　**時** 9:30〜17:00　**休** なし　**駐車場** あり　**カード** 可

青い海と空に癒やされる　島カフェ & レストラン

古仁屋

Little BAY coffee&ice cream
りとる べい こーひーあんどあいすくりーむ

通し営業で便利なカフェ

　スタイリッシュな店内に挽き立てのコーヒー豆の香りが広がり、カフェラテ550円などが楽しめる。ホットドッグ750円やグリーンカレー900円などの軽食も。もともとはジェラート専門店なだけあり、店内のショーケースに並ぶできたてジェラートも魅力的。

MAP 折り込み③C3　**交** せとうち海の駅から徒歩10分　**住** 瀬戸内町古仁屋船津22-6　**電** (0997)76-3555　**時** 9:00〜18:00　**休** 月曜　**駐車場** あり　**カード** 可

1 ベーコンエッグトースト850円などの軽食はボリュームもたっぷり **2** キャロットケーキ500円などスイーツもある **3** 自家焙煎コーヒーを買い求める客も多い **4** 目を引くおしゃれな入口

voice　奄美きょら海工房に併設されたショップでは、お菓子類のほかパンも販売している。島生まれの塩や黒糖を使ったパンは素朴で食べ飽きず、地元でも人気。素泊まりならばぜひここでパンを調達して、朝ごはんにしてみては？

加計呂麻島

かけろまの森marsa
かけろまのもりまーさ

**森の中にたたずむ隠れ家カフェで
自家製ジャムとパンをほお張って**

　嘉入集落にあるカフェ。自慢は、農薬や肥料を使わずに育てた果物で作った自家製ジャムと、焼きたてパン。その日に取れた野菜で作ったスープはしみじみとおいしく、体に染み渡りそうだ。marsaとは奄美の言葉で「おいしい」という意味。森に隠れるように立つ店は、たどり着くまでも冒険気分で楽しい。訪れる前に予約を。

MAP P.102B2　瀬相港から車で約35分
瀬戸内町嘉入231　070-4405-6203
11:00 〜 17:00　不定休　駐車場 あり　予約 必要

1 パンとスープのおまかせランチ 1500 円（要予約）　2 ウッディな店内。エアコンはなく自然の風が入る　3 本当にこの先にお店が？勇気を出して進もう　4 バナナやパッションフルーツ、グアバなど、フルーツのジャムはミニサイズで 450 円〜

海や空の青、深い森の緑 ……。島のさまざまな色を感じながら、ゆったり過ごしたい。
島の素材を使ったスイーツや食事が味わえる、おすすめの店はこちら。

龍郷町

Tropica Amami
とろぴか あまみ

目にも美しい島素材のアイス＆ドリンク

　島の生き物や伝統をモチーフにしたスイーツが人気。泥染めラテ 550 円はバタフライピーの青を生かして泥染めを再現。ジェラートは常時 12 種類ほどが並ぶ。

1 ジェラートはダブルのコーンで 570 円　2 泥染めラテとルリカケス各 550 円　3 店内か緑に包まれた中庭で召し上がれ

MAP 折り込み② A2　奄美空港から車で約20分　龍郷町大勝578　(0997)62-5260　11:00 〜 16:00　日・月曜および冬季（12 〜 3月）　駐車場 あり

大和村

Bee Lunch
びー らんち

国直海岸近くの人気カフェ

　コンテナを改築した南国風情漂う開放的なカフェ。グリーンカレーやガパオなどエスニックメニューのほか、ラーメンやかき氷、カクテルなども用意。

1 チキンカレー 1100 円とパッションフルーツジュース、すももかき氷各 400 円　2 オープンエアの店内　3 海水浴帰りの客も多い

MAP 折り込み④B1　名瀬港から車で約25分　大和村国直555　090-7720-1308　11:00 〜日没頃まで　不定休　駐車場 あり

　事前に予約してかけろまの森 marsa にうかがいました。ふわふわの焼きたてパンに、自家製のジャムをたっぷり付けていただきました。スープとピザも付いているのでボリュームたっぷり。食べきれなかったら持ち帰りもできます。（東京都／アカショウビン）

奄美が誇る珠玉の雫

黒糖焼酎蔵元マップ

その土地の食べ物を食べ、その土地の酒を飲む……。それは旅の醍醐味のひとつ。奄美にもその喜びを満たしてくれる酒、黒糖焼酎がある。

黒糖焼酎って？

サトウキビの搾り汁を煮て濃縮した黒糖と米麹を原料とした蒸留酒。ほのかな黒糖の甘い香りが魅力の焼酎。

黒糖焼酎は奄美だけの特産品

昭和28年、奄美群島が日本に復帰した際に、国からの特別措置として米麹を使用することを条件に、大島税務署管内にだけ黒糖焼酎の製造が認められた。黒糖焼酎が製造できるのは日本で奄美群島だけなのだ。

黒糖焼酎の選び方

焼酎には、常圧蒸留と減圧蒸留のふたつの蒸留方法がある。蒸留機内の気圧を操作しない常圧蒸留は原料本来の香りが持ち味。一方、減圧蒸留はクセがなく、初心者でも飲みやすい。そのほか、数年間寝かした古酒や、樽で熟成させたものなど、さまざまな焼酎があるので蔵元や酒販店で相談して選ぼう。

長雲の大古酒20年は別格の味（→ P.98 瀬戸内酒販）

おいしい飲み方

香りを楽しむストレートやロックのほか、お湯割りやあらかじめ水で割っておく前割り、カクテルなどお好みの飲み方で。

焼酎カクテルも味わってみたい

黒糖焼酎は奄美限定

奄美産ラムもある！

徳之島にある高岡酒造では、ラム酒『ルリカケス』を製造している。黒糖焼酎と同じ、サトウキビから作った蒸留酒だが、黒糖焼酎が米麹を使うのに対し、ここのラムは自社培養の酵母を用い、樫樽で熟成させている。同じサトウキビでも異なる風合いを楽しみたい。

奄美群島の焼酎

奄美酒類
奄美の匠

奄美大島にしかわ酒造
島のナポレオン

徳之島

原田酒造
三種の神氣

沖永良部酒造
稲之露

沖永良部島

新納酒造
天下一

有村酒造
島有泉

与論島

voice ほのかに香る黒糖の甘い香りが魅力の黒糖焼酎だが、他の焼酎と同じく糖質はゼロで、ヘルシーなお酒だ。ただし島には、黒糖焼酎が進むおいしいおつまみがいっぱい。旅の間だけはいっそのことダイエットのことを忘れるよう割り切ったほうが賢明かも。

弥生焼酎醸造所
弥生 常圧
のどに残るインパクト、口に広がるうま味、ふくよかな香り。ぜひロックで味わって

山田酒造
長雲 常圧
親子で昔ながらの製法で造る、ていねいで妥協のない焼酎。コクを生かすお湯割りがおすすめ

町田酒造
里の曙 常圧
近代的な設備を備えつつ、杜氏の経験と勘を大切に造る、すっきり軽快な焼酎

奄美大島酒造
浜千鳥乃詩 常圧
龍郷町の名水を使用した、きびのうま味にあふれた焼酎

奄美大島開運酒造
れんと 減圧
クラシックを聴かせて熟成させた、クリアな味。青いボトルも印象的だ

奄美大島

喜界島

西平酒造
珊瑚 常圧
貯蔵期間1年以上を貫くこだわりが、まろやかな味わいを生む

富田酒造場
龍宮 常圧
創業以来使用する甕（カメ）で仕込む、手間暇かけた濃密な味

西平本家
せえごれ 常圧
無濾過仕上げで濃厚なうま味。ラベルの題字＆イラストは元とせさんによるもの

朝日酒造
朝日 常圧
1916年創業の老舗。お湯割りでふんわりとした黒糖の風味を楽しみたい

喜界島酒造
喜界島 常圧
1年以上貯蔵した原酒と長期熟成酒をブレンドした深みのある味

黒糖焼酎の起源は定かではないが、16世紀頃、琉球王朝の泡盛が伝えられたことから広まったのではないかといわれている。泡盛との違いは、泡盛が米だけを原料にするのに対し、黒糖焼酎は米に加え黒砂糖を使うこと、発酵過程の違いなどがある。

深く知ればさらにおいしい
奄美黒糖焼酎 蔵元探訪

黒糖焼酎について知るには、蔵元に行くのが一番。製造工程を知り、造り手に話を聞けば、いっそうおいしさも増す。

見学の注意点

予約が必須▶大きな醸造所は見学路があり自由に見られるところもあるが、たいていは醸造所の方が仕事の合間に案内してくれるので必ず予約を。
見学のベストシーズン▶夏場は仕込みを行っていないところも。12〜5月頃は黒糖製造〜焼酎製造まで見ることができるが、繁忙期なので見学対応ができないこともある。

音響熟成で造るまろやかな人気焼酎

奄美大島開運酒造

40人弱のスタッフを抱える、奄美では大きな醸造所。巨大な仕込みタンクや貯蔵庫、機械で次々とボトル詰めされていく様子を、スタッフの解説を聞きながら見て回ることができる。試飲後は、併設のショップで買い物ができる。限定商品やグッズもおみやげに人気だ。

> 湯湾岳の伏流水を使ったクリアな味が好評です

MAP 折り込み⑤ B2 　名瀬港から車で約1時間。または❶湯湾から徒歩約10分　宇検村湯湾 2924-2　080-8557-4497（工場見学専用ダイヤル）　9:00〜12:00、13:00〜16:00　不定休　駐車場 あり　**URL** www.lento.co.jp

1月中旬〜3月初旬は、精糖工場が稼働し黒糖製造過程が見られる

1時間に1500本というスピードで瓶詰めされていく様子も

「れんと」の特長が音響熟成。ベートーベンを聴かせながら10ヵ月間寝かせる

兄弟が守り継ぐ昔ながらの醸造所

富田酒造場

1951年の創業以来、一次・二次仕込みともに甕で行っているのがこだわりだ。形や厚さが微妙に違う32個の甕それぞれの個性や、甕付き酵母のもろみを反映し、奥行きのある味わいを造り出している。

> 和紙に手書きしているラベルも自慢です

MAP P.82A1　AiAi ひろばから徒歩約9分。または❶ウエストコート前からすぐ　奄美市名瀬入舟町 7-8　(0997)52-0043　9:00〜17:00　日曜（見学日はHPを確認）　1000円〜　駐車場 あり　**URL** www.kokuto-ryugu.co.jp

> 代表的な銘柄は「龍宮」。ぜひ飲んでみてください

上／名瀬港からほど近い　下／二次仕込みを甕で行うのは奄美ではここだけ

小さい甕で寝かせた黒糖焼酎は、将来的に商品化を目指している

黒糖焼酎の製造工程

蒸した米で造った麹に、水と酵母を加えて発酵させ、そこに黒糖液を加えて二次発酵させることにより、ほのかに黒糖が香る。

1. **洗米・蒸米**
原料米を水に浸し、水を切って蒸す

2. **製麹**
麹菌を散布して 35〜40度で40時間程度熟成させる

3. **一次仕込み**
熟成した麹を水で仕込み発酵させる

4. **二次仕込み**
一次仕込みのもろみに黒糖液を入れさらに2週間程度寝かせる

5. **蒸留**
熟成したもろみを蒸留機に入れ蒸留する

6. **検定**
できあがった焼酎の数値などを測定する

7. **貯蔵**
不純物を除去し、タンクで貯蔵する

8. **瓶詰め**
25度、30度などに割水をし、瓶に詰める

見学ができるおもな蔵元

奄美大島酒造
MAP 折り込み② A1　奄美空港から車で約20分　龍郷町浦 1864-2　(0997)62-3120　10:00〜17:00（10:00、14:00、16:00 はガイドあり）　土・日曜、祝日　駐車場 あり　**URL** www.jougo.co.jp

町田酒造
MAP 折り込み② A2　奄美空港から車で約30分　龍郷町大勝 3321　(0997)62-5011　9:00〜15:00（2023年10月現在見学休止中）　土・日曜、祝日　駐車場 あり　**URL** www.satoake.jp

弥生焼酎醸造所
MAP 折り込み① C2　奄美空港から車で約50分　奄美市名瀬小浜町 15-3　(0997)52-1205　9:00〜16:00　日曜、祝日（土曜不定休）　1000円　駐車場 あり　**URL** www.kokuto-shouchu.co.jp

朝日酒造
MAP 折り込み⑦ B1　喜界空港から車で約3分　喜界町湾 41-4　(0997)65-1531　9:00〜12:00、13:00〜15:00　駐車場 あり　**URL** www.kokuto-asahi.co.jp/

VOICE 2007年、鹿児島県酒造組合奄美支部は5月9、10日を語呂合わせから「黒糖焼酎の日」として制定。ちなみに沖縄県含みつ糖対策協議会は5月10日を「黒糖の日」としている。黒糖焼酎の日には各地で試飲会などのイベントが催されている。

大地と太陽の恵みがギュッと凝縮

黒糖の甘い誘惑

ひと口食べれば笑顔になり、ふた口食べれば幸せ気分。
奄美の自然をいっぱいに吸収したサトウキビから
生まれる黒糖は、おいしいだけでなく滋養たっぷり。

手間暇かけて作られる昔ながらの純黒糖

できたては特に
おいしいよ

奄美の島々では黒糖そのものや、ピーナッツなどに黒糖をからめた菓子を、おやつやお茶うけによく食べる。褐色の黒糖を口に含むと豊かでいやみのない甘さが広がり、もうひとつもうひとつと手が止まらなくなりそうだ。サトウキビだけを原料とする純黒糖は、原料糖や糖蜜などを配合して作られる加工黒糖とはひと味違い、ビタミンやミネラルが豊富に含まれている。ぜひ本物を味わってみてほしい。

そもそも奄美にサトウキビが伝わってきたのは17世紀初めのこと。江戸時代、砂糖の価値は非常に高く、米の代わりに黒糖を年貢として納めることになると、厳しい取り立てで"砂糖地獄"といわれる時代が続く。

明治時代には砂糖の自由販売が始まり、黒糖焼酎の原料にもなって、主要産業のひとつとして発展した。

加計呂麻島の佐知克集落にある西田製糖工場では、代々続けてきた昔ながらの黒糖作りを実直に守っている。「北風が吹いている間はきれいなお砂糖ができるのよ」と西田和子さん。糖汁を釜で煮詰めるときは、絶えずヘラでかき混ぜながら、石灰を入れて浮いてきたアクを取り除く。職人の厳しい目で色や固さを見極めて、加減を調節するのが大事なのだそうだ。「昔ながらの製法のお砂糖は値打ちがあるからね。働く人もみんな年をとってきてきついけど、なくしちゃいけないからねー」と優しい笑顔で案内してくれた。

加計呂麻黒糖
340円

西田和子さん
西田製糖工場
加計呂麻島で昔ながらの製法を守ったおいしい純黒糖やきび酢を作っている。黒糖や加工品などのショップも併設し、シーズン中には製造工程の見学も可能（日時は事前に確認を）。

MAP P.103C3　交 加計呂麻島・瀬相港から車で約15分　住 瀬戸内町於斉1883　電 (0997)76-0177　時 9:00～17:00（12～5月のみオープン）　休 不定休　駐車場 あり

黒糖ができるまで

1 刈り取り
すくすくと育ち糖度が最高になったサトウキビを、12月から5月にかけて収穫。

2 圧搾
サトウキビを圧搾して糖汁を搾る。残った搾りカスは燃料や肥料として再利用。

3 釜炊き
一番釜から三番釜まで段階的に煮詰める。石灰を加え、アクをていねいにすくう。

4 撹拌
ちょうどよい加減に煮詰まったら、撹拌器に入れて固めていく。

5 成形
まだ軟らかさが残るうちに作業場でカットし、成形して袋詰めする。

①収穫したサトウキビの束を山積みに
②バリバリと音を立てて糖汁を搾っていく

③アクをしっかり取り除くのが大切

④糖汁を撹拌しながら冷やしていく

⑤完全に固まる前に手早く成形する

voice 黒糖の精糖シーズンは12～5月。精糖工場の煙突からモクモクと煙が上がり、甘い香りが漂うようになると、奄美の人々は冬の訪れを感じるという。この時期に訪れれば、黒糖の製造工程を見学できるほか、できたての黒糖を味わうことができる。

奄美の自然と職人の技が込められた

美しき伝統工芸、大島紬
<ruby>大<rt>おお</rt></ruby> <ruby>島<rt>しま</rt></ruby> <ruby>紬<rt>つむぎ</rt></ruby>

緻密な柄の大島紬は、気が遠くなりそうなほど複雑な工程を経て生み出される。
その秘密について知れば知るほど、奥深さに魅了されていくだろう。

左上／模様のついた絣糸を縦横に組み合わせて織ることで柄が浮き出る　左下／自然の中で泥染め　右／すべての工程に専門の職人がいて、1ヵ所のミスも許されない

染める前の締め織りはきつく

絣糸を作るための締め織りは、力が必要なので男性の仕事

長い歴史をもつ精緻な織物

　大島紬の起源は1300年前に遡るほど歴史があり、ペルシャ絨毯やゴブラン織りと並んで世界三大織物のひとつに数えられる。高密度の絹織物は美しいだけでなく、軽くやわらかで、着ると温かい。親子三代もつといわれるほどの丈夫さだ。最大の特長は、世界でも類を見ないほどの細かい絣模様と、特有の深い黒色を作り出す泥染めにある。
　大島紬の製造は一貫して手作業で行われる。糸を部分的に染め残すための締め織りをしたあと、山に自生するシャリン

バイ（テーチ木）の幹を煮出した汁で染める。それを泥田にもみ込むと、タンニンと鉄分が結びついて褐色に変化するのだ。深い黒に染まるまでは、約1ヵ月かけてシャリンバイ染め80回、泥染め5回を繰り返す。
　模様の入った絣糸ができると織り機にかけ、指先と針を使って柄の微妙なズレを細かく調整しながら織っていく。細部まで目を配るには長年の経験がものをいう。熟練の織り子でも1反織り上げるのに40〜50日はかかるそうだ。

「大島紬は天の川で染められている」というロマンティックな言い方がある。泥染めに向いた田が多いのは龍郷町。その近くの赤尾木湾は隕石が落ちてできたという説があり、隕石由来の細かい粒子の土が泥染めにうってつけだと考えられているためだ。

大島紬は"奄美の宝"。
実際に見て、触れてみてほしい

図案士　越間 得晴（こしま とくはる）さん

貴重な技術を次世代につなげていく

　幼少の頃から大島紬に触れて育ち、現在では図案士として活躍している越間さん。大島紬の細密な柄にはそれぞれ設計図案があり、それに正確に沿って絣糸を作り、織らねばならない。すべての工程がここから始まる、要となる存在だ。

　「図案はもともと手描きでしたが、今ではコンピューターでバーコード状の設計図が作れるようになりました。テクノロジーが大島紬に追いついたんです（笑）。でも職人の技術は一朝一夕でできないもの。伝統を受け継ぎながら、いかに次の世代につなげていくかが大切です。大島紬という島の宝を残すためには、時代に合わせた商品開発も必要なんです」

さまざまな織物を見比べられる展示・販売コーナー

　そのため伝統柄だけでなく、新しく考案した柄も積極的に打ち出している。糸が1本ずれただけで、図案の中の花が生きいきしたり沈んだりするというほどデリケートな仕事だ。「難しいのはバランス感覚ですね。大島紬として成立する図案でないといけないけれど、職人さんが作業しやすい柄だと売れなかったり。余計なものをそぎ落としたシンプルなデザインの人気が高いようです」

　奄美の自然はもちろん、日本画家の田中一村の絵、本や雑誌などを見てイメージを広げる。「大島紬は島の誇りです。ぜひ実際に見て触れて体感してください」

染めを重ねるごとに、絹糸が深みのある濃い色に変化していくのがはっきりわかる

大島紬村

亜熱帯植物に囲まれた庭園の中、大島紬の製造工程がよくわかる。ガイドツアーは 9:00 ～ 17:30 の間に開催（10 ～ 3月は～ 16:30）、所要約 25 分。
MAP 折り込み② B1　**交** 奄美空港から車で約 20 分　龍郷町赤尾木 1945
電 (0997)62-3100　**営** 9:00 ～ 17:00　**休** なし
料 見学大人 550 円、小・中学生 220 円　**駐車場** あり　**カード** 可
URL www.tumugi.co.jp

◎ 大島紬ができるまで ◎

① 図案・設計　デザインに沿って精密な図案を用意する。

② 締め織り（しめおり）　経糸（たていと）に木綿、緯糸（よこいと）に絹を使い、図案に従ってきつく締め織りする（絹糸の防染）。

③ 泥染め　シャリンバイ（車輪梅）液で染めてから、田んぼの泥で泥染めする。これを何度も繰り返す。

④ 摺り込み染色　部分的に木綿糸を抜き取り、合成染料などを摺り込む。

⑤ 織り　ほどいた絹糸（絣糸）を使い、手作業で柄を調整しながら、織り機で織る。

⑥ 製品検査　厳しいチェックをくぐり抜けた物だけが製品となる。

大島紬の代表的な柄

龍郷柄（たつごう）
代表的な伝統柄。赤い部分がソテツの実、斜め部分が葉を表している。ハブという説も

秋名バラ（あきな）
「バラ」は花ではなく、ザルの編み目模様からきている。格子の大きさや色に種類がある

西郷柄（さいごう）
西郷隆盛にちなんだ、シックな男物の柄。細かな十字と四角形が繰り返されている

割り込み柄
他の柄に比べ込み入った配列で織られる柄の総称。多彩な表現ができるが、難易度が高い

大島紬を体験してみよう

大島紬をより身近に感じるには体験してみるのがいちばん！ 泥染め体験でオリジナルハンカチやTシャツを作って自分みやげにしたり、大島紬を着て記念写真を残してみてはいかが？

◆ 泥染め体験

泥に浸かって自分だけのオリジナル品を

大島紬独特の色合いは、シャリンバイという木を煮出した液に含まれるタンニンと、泥田の中の鉄分が結びついて造り出される。その泥染めの手法で、ハンカチを染めてみよう。模様をつけるため、まず布に糸を巻きつけてギュッと縛る。それからシャリンバイ液と、色を定着させるための石灰液に交互に浸ける。この時点では赤茶色だ。長靴を履いていよいよ泥田へ。粒子の細かい泥は手に気持ちいい。職人さんはなんと泥をなめた感覚で、鉄分の含有量がわかるそう。よ〜くもみ込んでいくと、みるみる濃い褐色に変化していっておもしろい！

いよいよハイライトの泥田に！ なめらかな手触りの泥にもみ込むと魔法のように色が変わっていく

泥から上がったら水洗いし、シャリンバイ液で5分ほど煮る

Tシャツ作りもおすすめ！

どんな模様になるか想像しながら染める前に布を糸でギュッと縛る

洗ってから糸を切って広げると、染め残した部分が白く浮き上がる。想像どおりの模様になったかな!?

大島紬村→P.55 所要 1時間〜 料 ハンカチ 1650円、Tシャツ 3300円など 予約 必要

シャリンバイという木を煮出した液と石灰液に、交互に3回ほど浸ける

◆ 大島紬着付体験

好みの柄の紬を着て旅の思い出作り

豊富に用意された大島紬のなかから好きな柄を選んで着付けてもらい、写真撮影をしよう。サイズは3歳くらいの子供用から、男性用まで豊富に用意されているので、家族全員での参加もOK。館内で撮影するプランのほか、1日レンタルできるプランもある。大島紬は洋服の上から着るので、薄手のインナーを着ておこう。

しばらくフリータイム。館内の好きな場所で写真撮影を楽しもう

まずはたくさんの着物のなかから好きな柄を選ぶ

着付けはスタッフが行ってくれるので安心。襟元が開いた服を着ておくときれいに着られる

館内で記念撮影。スタッフの撮った写真2枚をプレゼントしてもらえる

夢おりの郷 MAP 折り込み② A2 所要 奄美空港から車で約30分 住 龍郷町大勝 3213-1
電 (0997) 62-3888 時 9:30〜17:00 所要 30分〜1時間 休 木曜 予約 必要
料 大人 3000円、小学生以下 2000円 駐車場 あり URL www.yumeorinosato.com

夢おりの郷では機織り体験もできる。なれるまではなかなか難しいが、コツをつかむとリズムよく織ることができ、なかには1日かけて作品を作り上げる人もいるとか。通常10㎝程度3000円。プラス10㎝ごとに1000円。

ここでもできる
泥染め・藍染め体験

きれいな色にうまく染まって大満足！

金井工芸
本場の職人が作業している工房で、泥染めや藍染めの体験を。体験料は3000円（ハンカチ300円～、Tシャツ900円～など材料費別）。

MAP 折り込み②A2 **交** 奄美空港から車で約35分 **住** 龍郷町戸口2205-1
電 (0997)62-3428 **時** 10:00～17:00
休 土～水曜（要問い合わせ）**駐車場** あり

肥後染色・夢しぼり
泥染め・藍染めは体験料3300円（ハンカチ600円、Tシャツ900円～など材料費別）。体験の所要時間は1時間30分～2時間ほど。

MAP 折り込み② A2 **交** 奄美空港から車で約35分 **住** 龍郷町戸口2176
電 (0997)62-2679 **時** 9:30、13:30受付 **休** 日曜 **駐車場** あり

夢おりの郷
泥染め・藍染め体験はエコバッグコース3000円、Tシャツコース3800円。所要60～90分。機織り3000円～など体験ものが充実。

MAP 折り込み② A2 **交** 奄美空港から車で約30分 **住** 龍郷町大勝3213-1
電 (0997)62-3888 **時** 9:30～17:00（最終受付16:00）**休** 木曜（不定休あり）**駐車場** あり **カード** 可

愛かな工房
歴史ある染めの工房。泥染め・藍染めの体験料は3000円（絹ストール3000円～など材料費別）。大島紬の製品や反物も販売している。

MAP 折り込み② A1 **交** 奄美空港から車で約30分 **住** 龍郷町瀬留字森足原1116
電 (0997)62-3179 **時** 9:00～12:00
休 不定休 **駐車場** あり

本場奄美大島紬泥染公園
風光明媚な泥田で、本格的な泥染めの見学や体験ができる（体験料2000円～）。染める材料のハンカチやTシャツ別途（2000円～）。

MAP P.69 **交** 名瀬港から車で約30分 **住** 奄美市名瀬伊津部勝字城田727
電 (0997)54-9088 **時** 9:00～15:00
休 予約のない日曜 **駐車場** あり

夜光貝（やこうがい）アクセサリーを作ってみよう

種子島以南の南西諸島に生息する夜光貝は、サザエ科の大型巻貝。食べておいしいだけでなく、美しい輝きを秘めた厚い殻をもち、古くから美術工芸品の素材となってきた。岩手県・平泉の中尊寺金色堂の螺鈿細工にも夜光貝が多く使われている。

緻密な真珠層を形成している貝殻は、磨くことで七色の光沢を放つ。南の島の思い出に、自分だけのアクセサリーを作ってみてはいかが。ちょっと時間が空いたときや、天気が悪くて外で遊べないときなどにもおすすめだ。

好みの形にカットされた夜光貝の殻を水にぬらし、まず目の粗いサンドペーパーで磨く。段階的に目の細かいサンドペーパーに変えていき、真珠色のツヤが出てくるまでしっかり磨いたら完成だ。ペンダントやストラップにぴったり。けっこう力が必要で、1～2時間はかかる。磨く人によって輝き方に違いが出るとか。

夜光貝磨きキットを手に入れよう
夜光貝磨きキットは島内のアクセサリー店や雑貨店などで手に入る。特に種類が豊富なのは加計呂麻島の展示・体験交流館の売店（→P.105）。ネックレスかヘアゴムのキットを選び、好きなサイズ、形のパーツを選ぶ。根気よく磨けばオリジナルアクセサリーの完成だ。

これが夜光貝磨きセット（1600円）。ヤスリやゴムなどがついている

ヤスリの細かさを変えて磨き上げていく

完成！ 2時間ほどコツコツ磨くとピカピカになる

大島紬は泥染めされた渋い黒色や褐色の「泥大島」が主流だが、植物藍で先に染めてから泥染めする「泥藍大島」、化学染料を使って彩り豊かな「色大島」、シャリンバイ以外の天然染料による「草木染大島」などもある。

シマ唄の魅力

島人の魂が音色にのって鳴り響く

何世代にもわたり口伝で歌い継がれてきた奄美の島唄。
耳を傾ければ、島に生きる人々の喜怒哀楽が切々と伝わってくる。

六調タイムだ
恥ずかしがらずに
踊ろう

三線を手に歌う唄者と客席がひとつになって盛り上がる「郷土料理かずみ」

独特の裏声歌唱と胸をかきたてるメロディ

奄美特有の
チヂン（島太鼓）だよ

シマ唄に必須の三線と島太鼓は、昔から変わらず職人さんが手作りしている

奄美の島々には、それぞれのシマ（集落）ごとに古くから歌い継がれてきたシマ唄がある。行事やお祝いの場で歌われるほか、男女が即興を交えながら掛け合いで歌って心を伝えあう「歌遊び」の伝統があった。裏声を多用するのが特徴で、男性も女性と一緒に歌うためだからといわれる。奄美ならではの自然や生活、人々の思いが込められたシマ唄は哀感を帯びたものが多く、聴く者の心にダイレクトに響いてくる。シマ唄の名手は「唄者」と呼ばれ、同じ曲でも唄者それぞれの個性でリズムや情感が異なるのも聴きどころだ。伴奏には、ニシキヘビの革が張られ細くて高音が出るサンシン（三線）とともに、チヂン（島太鼓）が欠かせない。

最初に歌われることが多いのは「朝花節」。あいさつの意味があるほか、場を清めたり声をならしたりする。姉妹神信仰に基づく「よいすら節」は繰り返されるおはやしが印象的だ。そのほか奄美大島の北部ではゆったりとしたカサン唄、南部では抑揚のあるヒギャ唄がよく歌われ、喜界島や徳之島にもそれぞれに伝わる唄がある。最後はリズミカルな「六調」に合わせ全員で手踊りしながら盛り上がるのがお決まりだ。歌詞はいずれも島口（島の言葉）なので一度聴いただけでは理解しにくいが、気に入った唄があったら島人に意味を尋ねたり、異なる唄者を聴き比べたりしてみよう。より深くシマ唄の魅力が伝わってくるに違いない。

VOICE　奄美のシマ唄には男女の恋を題材にしたものが多いが、薩摩藩の圧政下における民の苦しみを表現したものも少なくない。大島紬の糸を繰るつらい作業を歌った「糸繰り節」、悲恋の末に命を落とした美女の唄「かんつめ節」など。

多くの人にシマ唄を届け 奄美の文化を次代に つなげて行きたいんです

里 朋樹さん

7歳の頃、夏祭りで出合ったシマ唄に魅了される

2023年6月24日、第42回奄美民謡大賞が開催された。最高賞の奄美民謡大賞に輝いたのは里朋樹さんだ。

「ようやく重圧から解き放たれた、というのが正直な気持ちです」そう笑う里さん。奄美民謡大賞は、島の唄者たちが目指す到達点。出場には厳しい条件があるうえ、ふさわしい唄者がいないと判断されれば大賞なしという厳しい賞だ。里さんは瀬戸内町古仁屋出身。シマ唄を始めたきっかけは7歳の頃で、夏祭りで耳にしたシマ唄。故中野豊成さんに師事し腕を磨き、奄美民謡大賞では少年・青年の部で最優秀賞を受賞するなど実力は折り紙付きだ。

「変声期の間、のどのために唄うのをやめました。恋しいとは思わず、サッカーに打ち込んでいましたね（笑）。ある日、名瀬で郷土料理かずみ（→P.60）の和美おばが、そろそろ唄わないかと誘ってくれたんです。それが高校3年の頃。自然に唄が戻ってきました」

その後、関西の大学に進学。バンドを結成するなど、充実した毎日を過ごしていた。そんな矢先、妹の里歩寿さんが高校2年生で奄美民謡大賞を受賞。元ちとせさんの記録を塗り替える最年少記録だった。

「妹のプレッシャーもあり、民謡大賞から逃げていました。関西で過ごしていましたが、27歳のとき、当時95歳だったおじいと過ごそうと、島に帰ることにしたんです。生活全般のことはなんでもできる人でした。一緒に暮らすうちに島で生きるということが具体的に見えてきたんです」

奄美では古くから唄でお金を稼ぐなという風潮がある。「生活が大変ですからね。唄で稼ぐなんて遊び人というイメージだったんでしょう。また唄者と認められるには単に唄がうまいだけでなく、島の文化や風習への深い理解が必要です。即興で唄うこともあれば、冠婚葬祭に適した唄を選択する知識もいる。人生の経験を積んだ人しか唄者になり得ないというのもありますね」

里さんは帰島を決意。瀬戸内町の職員として働きながら唄を続け、6年後の2023年、ついに大賞を受賞した。

現在は奄美大島世界遺産センターに勤務しながら小中学校でシマ唄を教えたりもする。ときどき、かずみで唄うこともあるという。

「シマ唄に触れてもらう機会を増やすことが大切だと思うんです。シマ唄を志す子供が出てくればシマ唄の継承につながります。シマ唄には楽譜がないので、伝え、保存するためにも譜面のような形で残すことも大切だと思っています」

かつての奄美の唄者がそうであったように、里さんも職をもちながら、今日も島の日々を唄に紡ぐ。

唄だけでなく、失われつつあるシマ口も保存したいと語る

ひとたび三線を持つと、唄者のオーラに包まれる

Voice 奄美の唄者は専門の職業ではなく、本業の仕事をもちながらシマ唄を歌っている。2020年に亡くなった坪山豊さんは腕利きの舟大工としても有名だ。それぞれが店を経営したり大島紬の織り手であったりと、暮らしの中から生まれる唄なのだ。

シマ唄ライブを楽しむ夕べ

シマ唄のよさを実感するには、生で聴いて一緒に六調を踊るのがいちばん。
名瀬市街地にあっていつでもシマ唄に触れられる、おすすめの3軒がこちら。

ライブで聴けば
感動もひとしお！

島料理 吟亭

おいしい島料理を味わいながら

　奄美民謡大賞の受賞歴もある松山美枝子さんが、しみじみとおいしい料理を提供しつつ、情緒あふれるシマ唄も聴かせてくれる店。奄美の食材をふんだんに使った郷土料理8品からなる「おまかせコース」は4000円（1ドリンク付き）。黒豚の豚骨の煮込みや油そうめんなどの料理をじっくり楽しんでいると、19:00～20:00にライブが始まる。和やかな雰囲気のなか、最後は音楽を全身に感じながら六調を踊ろう。要予約。

1 にぎやかな名瀬の繁華街、屋仁川通り沿いに位置する上品なたたずまいの店
2 にこやかに迎えてくれる女将の松山美枝子さんは、奄美を代表する唄者のひとり
3 トンコツと島野菜の炊き合わせ、油そうめんなど、郷土料理をコースで味わえる
4 カウンターと座敷がある。間近の席で楽しみたいなら予約時にリクエストしよう

MAP P.82A1　交 AiAi ひろばから徒歩約9分。またはウエストコート前から徒歩約2分　住 奄美市名瀬金久町6-2
電 (0997)52-9646　時 18:00～21:00
休 不定休　駐 なし

郷土料理 かずみ

唄者も客も一体となるひととき

　シマ唄ライブが始まるのは毎日19:30頃から。客席のすぐそばで男性唄者が三線を弾きながら歌うと、厨房から女将の西和美さんが掛け合いをする。親密感のある雰囲気のなか、客も太鼓をたたいたり、唄の一部を習ったりして、シマ唄の楽しさを満喫できる。最後は総立ちで六調。郷土料理の「おまかせコース」3500円～は、島野菜の前菜に始まり、刺身やから揚げ、豚骨などがずらり。ライブのみの場合は2200円（1ドリンク付き）。要予約。

1 歌遊びが盛り上がってくると、熱気ムンムンの中、六調を踊りまくる
2 刺身や豚骨の炊き合わせなど、料理は食べきれないほどボリューム満点
3 店主の西和美さん。料理をしながら、男性唄者と歌い交わすのが見もの
4 ライブの始まりは定番のあいさつの唄「朝花節」。すぐそばで臨場感たっぷり

MAP P.82B3　交 AiAi ひろばから徒歩約2分。または末広通りからすぐ　住 奄美市名瀬末広町15-16　電 (0997)52-5414
時 17:00～23:00　休 不定休　駐 なし

Voice　奄美大島でほかにシマ唄を聴ける店は、若手唄者が集う「居酒屋　ならびや」（→P.85）、さまざまなジャンルのイベントが行われるライブハウス「ROAD HOUSE ASIVI」（→P.86）、古仁屋のライブハウス「JUICE」（→P.97）などがある。

島唄・島料理 まあじん

子供から大人まで みんなで楽しく歌って踊る！

　小上がり3つとテーブル席のあるこぢんまりとした店内は、ライブが始まるととたんに活気あふれる空間に。最初は唄者さんの演奏を静かに聴いていた客も、次第にヒートアップ。最後はみんなで歌い踊って盛り上がる。シマ唄ライブは通常20:00から、不定期での開催なので、電話で確認しよう。特に、金、土曜は早めの予約が安心だ。料理は、島料理をはじめ一品料理が豊富に揃っている。黒糖焼酎片手に楽しい夜を過ごそう。

`MAP` P.82A2　`交` AiAi ひろばから徒歩8分　`住` 奄美市名瀬柳町5-18　`☎` (0997)69-3339　`時` 18:00 ～ 23:00　`休` 日曜、不定休　`駐車場` なし　`カード` 可

1 客もチヂン（太鼓）をたたいて、シマ唄の演奏に参加できる　**2** 路地裏にひっそりと立つ店。外観からは想像できない盛り上がりを見せる　**3** 地魚も美味。本日のお刺身はシビ（キハダマグロ）900円　**4** 簡単なリズムを教えてもらって演奏に参加。小さな子供も楽しめる　**5** 最後は全員、スタンディングで大盛り上がり！

もっと知りたい！ シマ唄のコト

シマ唄についてもっと深く知りたいと思ったら、下記も訪れてみよう。さまざまな角度からシマ唄を体験することができる。

シマ唄をはじめ、島の文化を学べる
鹿児島県奄美パーク

上／奄美の伝統的な暮らしを体感しよう　下／広大な敷地のなかに施設が点在する

　周囲を一望する展望台や「田中一村記念美術館」などが点在する奄美パーク。なかでも、奄美の自然や歴史、文化などを展示する「奄美の郷」では、昔の奄美の集落を再現し、文化や風習を紹介。代表的なシマ唄も聞くことができる。奄美の文化を知りたければまずここを訪れよう。

鹿児島県奄美パーク（→ P.90）

シマ唄を歌ってみよう
島唄体験

三線の構造や弾き方も教えてくれ

　奄美の集落に連綿と受け継がれているシマ唄。島の子供たちにも教えている先生に習って、シマ唄を歌ってみよう。まずは、先生の解説で歌詞を読む。背景や方言を教えてくれるので、唄に対する理解もよりいっそう高まる。そして最後は三線に合わせて歌ってみよう。三線の伴奏があるとなんだかサマになるので不思議！

奄美リゾートばしゃ山村（→ P.92）　**島唄体験**　`所要` 1時間　`料` 大人3300円、子供2200円（2名より体験可能）　`予約` 前日までに必要

その先の島で見つけた癒やしの時間
加計呂麻島で古民家ステイ

加計呂麻島へは
フェリーで行くよ

ゆったりとした島の時間で静寂を心ゆくまで楽しむ

　奄美大島の南、古仁屋港からフェリーに乗って約25分。対岸の加計呂麻島に到着する。思いのほか大きな島だが、島には大型ホテルもスーパーもない。集落に小さな商店があり、飲食店が数軒。そこにあるのは、昔から守り続けられてきた美しい海と深い緑の山々。まさにわれわれがイメージする"島らしさ"を強く感じさせてくれるのが加計呂麻島だ。ほぼ貸切状態のビーチで遊んだり、戦跡を巡ったり展望台に行ったり……。ひととおりの観光を終えても、時間はたっぷり。そんな加計呂麻島でおすすめなのが、古民家を改修した一軒家での滞在だ。島の古民家をリノベーションした建物は、島の伝統的なスタイルを残しつつも、キッチンやお風呂などは使い勝手よく整えられており実に快適。島に暮らすような感覚を味わうことができる。

右／庭の緑を見渡すリビングスペース　左／寝室はふたつ。静寂に満ちた島の夜を感じながら就寝

泊まったのはココ!
伝泊 リリーの家
でんぱく リリーのいえ

島の中心である諸鈍集落の海岸沿いにある一軒家。映画『男はつらいよ 寅次郎紅の花』の舞台となった家を改修している。83㎡と広々とした平屋は6名まで宿泊可能だ。

MAP P.103C3　🚗 生間港から車で約5分
🏠 瀬戸内町諸鈍金久原394　☎ (0997)63-1910　💰 素9900円〜
🏨 1棟貸切　🅿 あり　URL https://den-paku.com

加計呂麻島に行く前に

加計呂麻島にはスーパーがないので、食材を古仁屋で購入してから訪れよう。古仁屋港にはAコープがあり、たいていのものは手に入る。また島での移動手段の確保も必要だ。フェリーで車を持ち込むか、加計呂麻島でレンタカーを借りるのが一般的だ。

古仁屋のAコープ。
お総菜なども豊富

voice 瀬相港にある「いっちゃむん市場」は島の野菜や魚、冷凍の肉類などがあるが、ラインアップは日により異なるので滞在中の食料をここでまかなうのは難しい。リリーの家の近くの林商店では、簡単な食料品や冷えたビールが手に入る。

加計呂麻島で古民家ステイ

1 デイゴ並木越しに海を望むテラス。夜はここから満天の星が望める 2 庭に面した「読ドコロ」。Wi-Fi完備なのでワーケーションにもいい 3 電子レンジやオーブントースター、調理器具、基本的な調味料も揃っている 4 食器が豊富に揃い、料理が楽しくなりそう 5 お風呂は別棟に。五右衛門風呂だが、もちろんお湯が出るので安心

ディナーのデリバリーもおすすめ♪

飲食店の少ない加計呂麻島で心強い存在となるのが、お食事処もっか（→P.106）のデリバリー。島内の好きなところに食事を持ってきてくれ、島料理も豊富。写真は3人前程度でデリバリー料金込みで8000円ほど。

私たちがお届けします！

地魚の刺身や自家製バジルのピザなどメニュー豊富

その他の一棟貸しの宿

伝泊 海みる屋根の宿
でんぱく うみみるやねのやど

加計呂麻島の西海岸の静かな集落に位置する宿。広さは40㎡ほどで定員は2名。屋根の上に上ってのんびり海や空を眺める至福のひとときを過ごせる。

MAP P.102B2 交 瀬相港から車で約20分
住 瀬戸内町大字須子茂54-2
電 (0997)63-1910 料 素9900円～
客室数 1棟貸切 駐車場 あり
URL https://denpaku.com

伝泊 素と露天の宿
でんぱく すとろてんのやど

於斉集落に新しくできた宿。半屋外の露天風呂が用意され、自然を感じながら非日常のバスタイムが楽しめる。広さは68㎡で、6名まで宿泊が可能。

MAP P.102B2 交 瀬相港から車で約10分
住 瀬戸内町大字於斉513
電 (0997)63-1910 料 素1万1500円～
客室数 1棟貸切 駐車場 あり
URL https://den-paku.com

Holiday Cottage BANSHIRO
ほりでー こてーじ ばんしろー

お食事処もっかが運営する一棟貸しの宿。6畳2間とリビングがあり、5名まで宿泊可能。庭でのバーベキューやもっかで食事ができるのも便利。

MAP P.102B2 交 瀬相港から車で約15分
住 瀬戸内町西阿室146-2 電 (0997)76-3776 料 1棟1万8000円ほか、各種料金プランあり
客室数 1棟貸切 駐車場 あり
URL https://kakeromamocca.com/

voice 加計呂麻島内の移動にレンタカーは必須だ。台数が少ないので必ず予約をしておこう。奄美大島から持ち込むならフェリーを利用する（海上タクシーは不可）。積載台数に限りがあるので予約しておくのが安心だ。1週間前から古仁屋待合所（電 0997-72-3771）へ。

静寂のひとときを満喫
一軒家で暮らすように島ステイ

島の食材でディナータイム

島の食材を手に入れるなら「まーさん市場」（MAP 折り込み② A2）がおすすめだ。この日は奄美産黒豚、トリサシ、島産のマグロやカンパチ、夜光貝をゲット。新鮮な素材は、シンプルに焼くだけでも美味。

左／肉や魚介類、野菜など豊富に揃う　右／島のお酒を添えれば豪華なディナーに

1 広々とした庭に面したリビング。BBQのリクエストも可能
2 ひととおりの調理器具は揃う。自炊も思いのままだ
3 広々としたテラス。ここでのんびり過ごすのもいい
4 洗剤や柔軟剤も用意されている。ほぼ手ぶらで極上のステイがかなう

笠利町
ama-oto 奄音 あま おと

静かな用海岸の集落にある美しい一軒家でリラックスステイ

2022年8月にオープンした一軒家の宿。調理器具、食器、調味料の揃ったキッチン、乾燥機付きの洗濯機、広々としたバスルームを備える。白木の床の室内は裸足で過ごすのが気持ちよく、ここが自宅であったらと願うほど居心地がいい。子供用～大人用までライフジャケットやスノーケリングセットも用意されており、自由に使うことができる。

MAP P.89B1　🚗 奄美空港から車で約18分
🏠 奄美市笠利町大字用132-1　🍴 なし（予約時に個別に案内）
💴 大人2名利用時1棟2万9260円～（最大6名）
客室数 1棟　カード 可　URL https://ama-oto-you.com/

笠利町
Holly Camp Casa
ほりー　きゃんぷ　かーさ

1 刻一刻と変化する景色をベッドルームから楽しむキッチン。自炊も可能だ
2 設備の整ったキッチン。自炊も可能だ
3 ゆったりとしたバスタブでくつろげる

東シナ海を望む絶景プライベートコテージ

1階にダブルルーム、2階にツインルームのあるコテージ。海に面しており、どの部屋からも窓の外に広がる絶景を楽しめる。客室内の冷蔵庫にはピザやナチュラルワインなどがストックされ、必要に応じて利用できる（別料金）。また1階にカフェがあり、ドリンクなどを楽しむことができる。

MAP P.89B1　🚗 奄美空港から車で約13分　🏠 奄美市笠利町外金久898　📞 090-5252-9729　💴 大人4名利用時1棟6万3200円～（最大5名）　客室数 1棟　カード 可　URL https://www.holly camp-casa.com/

笠利町
伝泊 高倉のある宿
でんぱく　たかくらのあるやど

1 伝統的な茅葺屋根の「高倉」を囲んで行う集落行事の「八月踊り」体験も可能
2 広々とした心地よい空間
3 伝統的な古民家を改修した宿

静かな集落で、シマ暮らしを体験

古民家をリノベーションして宿泊施設として運営する伝泊。食器や調味料の揃うキッチンや洗濯機があり、長期滞在にも便利だ。島おばのレシピがついた食材セットプランも好評。また「高倉」の下で行う八月踊りでは、唄や踊り、島料理やシマッチュとの交流を通して、集落文化の体験ができる。

MAP P.89B2　🚗 奄美空港から車で約8分　🏠 奄美市笠利町須野95　📞 (0997)63-1960（伝泊フロント）　💴 大人2名利用時1人1万1000円～（最大8名）　客室数 1棟　カード 可　URL https://den-paku.com/

voice 島の一軒家は集落から離れた静かな環境にあることが多いので、宿に向かう前に食料や飲み物などを手に入れておくのがいい。宿によって、調味料や洗剤などの用意はまちまちなので、事前に確認して。できれば連泊して、島ののんびりした滞在を満喫したい。

島ののんびりとした時間を満喫するなら気ままに過ごせる一軒家がおすすめ。
スーパーで地元の食材を買って料理するのも楽しい。

笠利町
ヴィラ・アダンローズ奄美
ういら・あだんろーずあまみ

1 海を望むリビング　**2** 海を望む寝室。このほか、山側にも客室がある
3 テラスからは夜、満天の星が見られる

夕日と満天の星を堪能する一軒家

　家に入るとまず現れるのは左手に海、右手に山を望む広々とした玄関。奄美古来のスタイルで、客をもてなす場だったという。室内は天井が高く開放的な雰囲気で、オーシャンビューとソテツに囲まれたマウンテンルームの2つの寝室がある。海に面したテラスから真っ青な海を眺める贅沢なひとときを満喫して。

MAP P.89B2　**交** 奄美空港から車で約12分　**住** 奄美市笠利町外金久816-4　**電** (0997)63-0366　**料** 大人4名利用時1棟3万4000円〜（最大6名）　**客室数** 1棟　**カード** 可
URL https://www.adanrose.com

笠利町
奄宿-AMAYADO-
あまやど

1 17畳の広々としたリビング　**2** ベッドが2つと布団を4セット用意
3 伝統的な平屋を現代的な解釈で再現

シマのDNAを刻む、優美なゲストハウス

　穏やかな海に面した須野集落にたたずむデザイナーズゲストハウス。設計は地元出身の松山将勝氏によるもの。シマの伝統的なスタイルと最新設備が見事に融合し、美しく快適なひとときを約束してくれる。寝室は2部屋あり、最大6名まで宿泊可能。

MAP P.89B2　**交** 奄美空港から車で約8分　**住** 奄美市笠利町大字須野97-1　**電** 080-8586-8787(9:00〜18:00)　**料** 大人2名利用時1棟2万7500円〜（最大6名）　**客室数** 1棟　**カード** 可
URL https://amayado-stay.com/

龍郷町
〜泊まれるアートミュージアム〜 琉球ヴィラ
〜とまれるあーとみゅーじあむ〜　りゅうきゅうういら

1 庭園と海を見下ろす高床式のヴィラ、ソテツ　**2** 海からの風が心地よいソテツのリビング　**3** 60㎡のリビングルームをもつヴィラ、ビロウの外観

琉球王朝と薩摩文化の交わる奄美の美を見る

　琉球王朝時代の奄美の古民家を再構築した麗しいヴィラ。庭園や屋内には島にゆかりのある芸術家たちの作品が並び、さながら美術館、博物館のようだ。1000㎡の敷地にソテツの茂る南国感あふれるヴィラと1800㎡の敷地にビロウが揺れその間から海を望む2棟あり、いずれもオーシャンビュー。

MAP 折り込み②B1　**交** 奄美空港から車で約8分　**住** 龍郷町芦徳当原1647-5　**電** なし（HPよりメールにて問い合わせ）　**料** 大人4名利用時1棟7万3500円〜（最大6名）　**客室数** 2棟　**カード** 可
URL https://ryukyuvilla.jp/

笠利町
SHINMINKA Villa UTTABARU
しんみんか　ういら　うったばる

1 開放的なリビングルーム　**2** Wi-Fi、Chromecast完備。おこもりステイも快適だ　**3** どの部屋も窓が大きく、自然が近く感じられる

奄美随一の美景ビーチ近くの隠れ宿

　白砂の美しい打田原ビーチまで徒歩10秒。広々とした庭に立つ平屋の伝統的家屋はこぢんまりとしていながら、室内、屋外シャワーやひととおりの調理器具、スノーケリングの道具など快適に滞在できる設備が過不足なく揃っている。目を閉じれば、聞こえてくるのは波の音だけという贅沢なひとときを満喫して。

MAP P.89B2　**交** 奄美空港から車で約20分　**住** 奄美市笠利町大字喜瀬3533-6　**電** 050-3196-6105　**料** 大人2名利用時1棟2万6000円〜（最大3名）　**客室数** 1棟　**カード** 可　**URL** https://www.shinminka-villa.com/uttabaru

voice 調理するのが面倒ならば、レストランのテイクアウトを頼むのもいい。コロナ禍以降、テイクアウトに対応してくれる店が増えたので、店舗に問い合わせてみよう。ただし、直前では対応が難しい場合が多く、数日前までの予約が必要という店も多い。

ワンランク上の島ステイ
極上のリゾートホテル

近年、奄美大島には続々と
レベルの高いリゾートホテルがオープンしている。
島の美しい自然と洗練された建築、
島ならではのホスピタリティを体験したい。

笠利町

伝泊 The Beachfront MIJORA
でんぱく ざ ぴーちふろんと みじょら

海と向き合い島の自然と対話する
自分を取り戻す、特別な時間

奄美大島北部の笠利町にある赤木名。その海岸沿いに立つヴィラが「伝泊 The Beachfront MIJORA」だ。奄美出身の建築家・山下保博氏が手がけるリトリートホテルのコンセプトは、島の「自然」と対話する宿。どのタイプの客室も可能な限り境界をなくし、外界と室内を隔てるのは足下から天井までのガラス窓1枚だけ。絵画のように切り取られた美しい風景は時を忘れて眺めていたくなる。食事はレストラン&バー「2 waters」へ。奄美と九州の素材にこだわった創作料理は目にも美しい。連泊の場合は、各部屋のキッチンで料理をするのもおすすめだ（スタンダードヴィラはキッチン用具をレンタル）。心地よいリネンやアメニティに包まれて、身も心も生まれ変わるような滞在を楽しみたい。

1 真っ青な水をたたえる湾に面して立つ **2** デラックスヴィラの客室。エッグチェアに揺られての海を眺めたい **3** サンセットタイムも美しい。部屋にあるワインセラーから選んだワイン（有料）とともに楽しんで **4** まるで赤木名湾に溶け込むようなインフィニティプール **5** 海に面した開放的な窓が特徴のレストラン **6** 天然酵母のパンや奄美の野菜を使用した体に優しい朝食

MAP P.89B1 奄美空港から車で約15分 奄美市笠利町大字外金久亀崎986-1 (0997)63-1910 朝2万6800円〜（13歳未満の子供の宿泊不可） 客室数 19室 駐車場 あり
カード 可 URL https://den-paku.com/

voice 伝泊 The Beachfront MIJORA は可能な限り部屋間の境界線をなくした開放的な建築空間のため、ベッドルームとバスルーム、トイレの間にはドアがない部屋も。気になる場合は、予約時に部屋が区切られたタイプを問い合わせてみて。

笠利町

THIDA MOON
てぃだ むーん

**大島紬の織元が手がける
染色や着付け体験も楽しめるホテル**

空港から車で約7分。ビーチ沿いに立つ老舗のリゾートホテルが、2020年に全室リニューアル。特筆すべきは、海側のムーンスイート。神が降り立ったといわれる巨岩、立神と朝日を望む美しい客室だ。また、島ゆかりの画家、田中一村の作品をモチーフにした一村スイートルームも人気。ガーデンプールや大浴場、ホテルオリジナルのブレンドオイルを使用したエステなどの設備も揃っている。

1 66㎡の広さをもつムーンスイート。バスタブにつかりながら海を眺められる **2** 一村スイートは、奄美の山を愛した一村にちなんだマウンテンビュー **3** 海を望むプール。子供用の小さなプールも隣接する **4** ホテルの目の前にはプライベートビーチが広がる **5** 大島紬美術館を併設。宿泊者は無料で見学できる **6** 大島紬の織子さんたちが作るヘルシーな島料理の朝食も美味

MAP 折り込み②C1　**交** 奄美空港から車で約7分　**住** 奄美市笠利町用1260　**電** (0997)63-0006　**料** 素1万5340円〜　**客室数** 26室　**駐車場** あり　**カード** 可　**URL** https://thidamoon.com/

瀬戸内町

THE SCENE
ざしーん

1 ホテルのコンセプトはネイチャークレンズ。自然のなかでリラックスしよう **2** 快眠を追求するプランなどさまざまなプランがある **3** 大島海峡を望む温泉がある

**手つかずの自然が残る
島最南端のリトリートホテル**

奄美大島の秘境ともいえる南端のビーチ沿いに立つ白亜のホテル。到着するとまずはウエルカムドリンクのサービスが。客室は全室オーシャンビューで、目の前に広がる絶景に再び感動する。滞在中はヨガやSUP、ウミガメスノーケリングツアーに参加して。たっぷり遊んでおなかがすいたらレストランでディナー。イタリアン、和食から選べるので飽きることがない。

MAP P.95B3　**交** 瀬戸内海の駅から車で約20分　**住** 瀬戸内町蘇刈970　**電** (0997)72-0111　**料** 2万4750円〜　**客室数** 21室　**駐車場** あり　**カード** 可　**URL** https://hotelthescene.com/

龍郷町

Auberge Tebiro 1732
おーべるじゅ てびろ いちななさんに

1 デラックスオーシャンビューの客室。サステナブルなアメニティも完備 **2** 海に面したダイニング。奄美ゆかりのモダンアートが並ぶ **3** 奄美の豊かな食材をモダン・フレンチのスタイルで提供

**島の風土を食を通じて体験
大人のためのオーベルジュ**

2022年9月に手広ビーチに面してオープンした全4室のホテル。奄美の風土や文化を食を通じて表現し、ディナーはAmami French をコースで提供。フレンチスタイルにアレンジした鶏飯は、モダンと伝統の融合。朝食は、和食か洋食から選べる。食事に合わせてワインも豊富にラインアップ。窓の外に広がる美しい海を眺めながら心ゆくまで楽しみたい。

MAP 折り込み②B2　**交** 奄美空港から車で約20分　**住** 龍郷町赤尾木1732-2　**電** (0997)69-3388　**料** 朝夕3万円〜　**客室数** 4室　**駐車場** あり　**カード** 可　**URL** https://www.tebiro1732.com

voice THE SCENE ではぜひリラクセーションメニューを体験したい。オイルマッサージやフットマッサージ、ストレッチなどさまざまなメニューを用意。ビーチや庭の木陰、屋上など、好みの場所で自然を感じながら施術が受けられる。

奄美大島 NAVI

なだらかな田園地帯が広がる北部、亜熱帯のジャングルが茂る金作原やマングローブ原生林が広がる中部、深い山々が連なる南部と多彩な表情を見せる島。美しい海でのマリンアクティビティはもちろん、大島紬やシマ唄などカルチャーにも注目が集まる。

金作原

生きた化石といわれるヒカゲヘゴなどの亜熱帯の植物が茂る森。

島で〜た

面　積	712.35km²
海岸線	461km
最高標高	694m
	（湯湾岳）
人　口	5万7511人
	（2020年）

奄美大島への行き方

飛行機
東京（羽田・成田）、大阪（伊丹・関西）、福岡、鹿児島、沖縄（那覇）から直行便がある。

フェリー
鹿児島〜奄美大島〜沖縄を結ぶ「フェリーあけぼの」「フェリー波之上」が運航。

大和村 (やまとそん)

湯湾岳をバックに11の集落からなる西海岸の村。スモモやタンカンなどの果樹栽培が盛ん。

P.101

宇検村 (うけんそん)

焼内湾を囲むように14の集落が点在する中南部西岸の村。最高峰の湯湾岳を擁する、秘境ムードあふれるエリア。

P.99

古仁屋 (こにや)

南部の中心地。スーパー、商店、ホテルなどがある。周辺には美しいビーチが点在する。

P.96

折り込み Map④ 大和村中心部
折り込み Map⑤ 宇検村中心部
折り込み Map③ 古仁屋中心部

今里漁港
大和村
79
湯湾岳
枝手久島
住用町
焼内湾
79
戸倉山
627
南郷山
宇検村
85
冠岳
鳥ケ峰
612
85
鳥帽子山
79
高鉾山
大
瀬戸内町
58
614
薩川湾
島
嘉入山
海
58
古仁屋
真崎
626
伊須湾
須子茂離
峡
加計呂麻島
614
皆津崎

請島水道

与路島
請島

名瀬
なぜ

島の行政、商業の中心地。大型スーパー、ビジネスホテル、飲食店などが揃う。町を貫く屋仁川通りは島随一の歓楽街。日暮れと同時ににぎわいを見せる。

P.82

かがんばなトンネル

春分の日と秋分の日の前後1週間頃、夕日がすっぽりとトンネルに入る。その見た目から「龍の目」と呼ばれる。

笠利町
かさりちょう

空の玄関口、奄美空港がある。あやまる岬や蒲生崎、崎原ビーチなど風光明媚な見どころが多い。

P.90

笠利崎

蒲生崎

今井崎

601

かがんばな

▲高岳

602

笠利町

81

折り込み Map② 奄美大島北部

58

大刈山

✈奄美空港

折り込み Map①
名瀬市街地広域

79

81

58

龍郷町

58

名瀬

611

ハートロック

82

○金作原 P.42、72

Ⓐ本場奄美大島紬泥染公園 P.57

▲松長山

607

ハートロック

干潮時、現れるハート形の潮だまり。

折り込み Map⑥ 住用町中心部

58

住用湾

▲滝ノ鼻山

城ノ鼻

龍郷町
たつごうちょう

大島紬発祥の地。紬について学べる「大島紬村」があるほか、レストラン、リゾートホテルなどが点在する。

P.93

市崎

N

0　2　4km

住用町
すみようちょう

国道58号線沿いにある町。町の94%を山林が占め、河口には「黒潮の森マングローブパーク」がある。

P.100

気になる
ベーシックインフォメーション Q&A

Q どんな宿がある?

**A リゾートホテルから
シティホテルまで豊富**

リゾートホテルは空港周辺に多い。名瀬周辺はシティホテルが多く、南部は民宿やペンションが多い。最近は一棟貸しの宿も増え、長期滞在する人が多い。

Q 島内移動はどうする?

A レンタカーが便利

自由に移動するならレンタカーが便利。繁忙期は満車となるので早めに予約を。レンタカー以外なら、バスの移動となるが、本数が少ないので事前に時刻を確認しておこう。

Q どんな料理が食べられる?

A 鶏飯や海鮮を味わって

奄美を代表する郷土料理、鶏飯をはじめ、豚足、ヤギ汁、豚味噌などはぜひ味わいたい。ヤコウガイやシラヒゲウニ、瀬戸内町特産の養殖クロマグロなどの海鮮もおすすめ。

亜熱帯のジャングルと、
マングローブの迷路を探検！

森と滝とカヌーを楽しむ
欲張りツアーだよ！

マングローブカヌーと森と滝のツアー

スローガイド奄美
富岡 紀三さん

日本第2位の広さを誇るマングローブ林と、アマミノクロウサギが生息する雄大な森を探検し、奄美の豊かな生態系を垣間見てみよう。

亜熱帯の大自然をまるごと楽しむ！

奄美大島中央部の住用町には、年間3000mmという多量の雨が育む、奄美群島最大のマングローブ原生林

水路が迷路みたい！

住用町のマングローブ原生林はなんと東京ドーム15個分。見渡す限りマングローブが広がる

と深い森が広がっている。この森は、アマミノクロウサギをはじめ、さまざまな生物の生息の場。奄美の貴重な生き物たちに会いに行ってみよう。ただ森を歩くだけでは見過ごしてしまうことも、ガイド付きツアーなら発見がいっぱいだ。動植物だけでなく、風習や歴史などに対する知識を織り交ぜながら解説してくれるので、ツアー終了後は少し奄美全体について詳しくなれた気分。森を歩いて滝を見たあとは、マングローブ林をカヌーで探検する盛りだくさんのツアーだが、そうハードな部分はないので、体力にあまり自信がなくても大丈夫。

もっと知りたい！

満潮と干潮の時刻にご用心

マングローブが育つのは海水と淡水が混じり合う汽水域。つまり潮の満ち引きの影響を受ける場所にある。カヌーでマングローブの水路に入れるのは満潮時のみなので、ツアーでは滝とカヌーを体験する順番が入れ替わることも。

干潟に現れたミナミコメツキガニ。生き物観察なら干潮時がベスト

スローガイド奄美 [所要] 約3時間
[交] 黒潮の森マングローブパーク（→ P.100）集合 [電] 090-7288-5980 [時] 9:00と14:00の2回 [休] なし [料] 7150円 [駐車場] あり [URL] http://amami-guide.com [予約] 要予約

voice モダマはサヤの長さが1mを超える、東南アジア原産の世界最大のマメ。モダマの種は、海を漂って生息地を広げることから藻玉と呼ばれるようになった。住用町は奄美群島唯一の群落地で、住用町東仲間集落だけがモダマを使った製品の販売が許可されている。

スケジュール

所要時間	体力レベル
約3時間	🚶🚶🚶

14:10
まずは
モダマの群生地へ

集合はマングローブパークの駐車場。そこでガイドの車に乗り換え、まずは巨大な豆、モダマのある場所へ。運がよければ実がなっているかも。

徒歩20分

モダマのサヤは長さ1mにもなり10月頃に直径5cmの実をつける

巨大な枝は全部モダマのツル。長いものは200m以上になるとか

ジャックと豆の木のモデルとなった

14:20
巨大なツルが生い茂る沢を散策

お魚がいる！

沢で水遊び。周囲の枝は全部モダマのツル。モダマは気まぐれで、実をつける年とつけない年がある。

沢にはカニやテナガエビなど生き物がいっぱい

徒歩15分

14:40
滝へ向けて
山道をハイキング

ここからちょっとハイキング。舗装のない道を歩くので、念のためハブから身を守る棒を持って歩く。

軽装備でOKだが虫よけがあるといい

気持ちい〜

徒歩20分

15:00
マイナスイオンたっぷりの
滝に到着

落差35mのフナンギョの滝へ。ここだけは不思議と水量が豊富で、数年前の日照りでも水が涸れることはなかった。

リュウキュウイノシシが餌を探した跡を発見

さわやかな滝の空気にひと休み

15:15
カヌー乗り場へ移動し
基本動作の練習

車でカヌー乗り場まで移動し、基本的な動作を練習。ライフジャケットを着るから万一ひっくり返っても大丈夫。

車で15分

しっかり練習して不安を解消しておこう

カヌーは安定感があるので安心

カヌーで15分

満潮時はカヌーで探検。干潮時なら干潟の生き物を観察する

15:40
マングローブ林に
向けて出発！

安定性の高いカヌーだからすぐに慣れるはず。生き物を観察しながら進もう。水中には巨大なウナギがいることも！

レベル 🚶 …… 初心者から参加OK　　レベル 🚶🚶 …… 普段からよく歩く人向き　　レベル 🚶🚶🚶 …… 登山経験のある健脚者向き

森が生き生きと輝くのは雨のとき。雨具持参で出かけよう

太古を思わせる自然景観

金作原探検コース

奄美大島のほぼ中央に広がる金作原原生林は手つかずの自然の宝庫。現在は個人での立ち入りが制限されているので、ツアーで訪れよう。

巨大なヒカゲヘゴが頭上に葉を広げる

はるかな昔に大陸から孤絶し、豊かな山や川に恵まれた奄美大島で

は、固有の動植物が繁栄してきた。そのユニークな自然を最も実感できるのが金作原原生林だ。経験豊富なガイドに案内してもらえば、生き物それぞれの興味深い生態や、季節ごとの変化についても知ることができ、いっそう楽しめる。なだらかなルートをゆっくりと歩くので安心して参加できるが、未舗装の山道なので、けがや虫対策に長袖、長ズボンと歩きやすい運動靴で参加しよう。

亜熱帯植物のほとばしる生命力

もっと知りたい！

マングースから森を守れ！

1970年代にハブ対策として放たれたマングースが劇的に増えてしまい、天然記念物のアマミノクロウサギなど、貴重な在来動物を捕食するという悪影響が出てしまった。現在では「奄美マングースバスターズ」が徹底した駆除を進めており、古来の生物相を守っている。

赤いリボンは、木の下にマングース罠が仕掛けられているという目印

観光ネットワーク奄美　**MAP** P.82B3　**所要** 約3時間　**交** AiAi ひろばから徒歩約3分。
住 市役所前からすぐ　奄美市名瀬幸町19-5　**電** (0997)54-4991
時 9:00、13:30　**休** 不定休　**料** 1人 4500円　**駐車場** あり
URL https://www.amami.com　**予約** 前日18:00までに要予約

Voice 亜熱帯気候の奄美大島では木々は紅葉せず、新芽が出る4月頃に古い葉が落ちるので、パッと見ただけでは季節の変化を感じにくい。梅雨時にきれいな白い花をつけるイジュの木、夏場に多くなるアカショウビンなど、ガイドの説明で季節感を知ろう。

スケジュール

所要時間	歩行距離	体力レベル
約3時間	約2km	🚶🚶🚶

9:00
送迎車に乗って名瀬を出発

名瀬を出発。名瀬のホテルならば送迎も可能なので問い合わせてみて。少人数制なので和やかな雰囲気だ。

ひとりでも気軽に参加できる

🚗 車で1時間

10:00
金作原に到着。トレッキングスタート！

スタート地点に到着。亜熱帯の植物が生い茂るひんやりとした空気のなか、動植物についての説明を聞きながら散策。

金作原は認定を受けたガイドの案内がないと入ることができない

神秘的な雰囲気。夜行性のアマミノクロウサギも生息している

10:15
傘になりそうな大きな葉っぱ！

🚶 徒歩15分

青々と大きな葉を広げるクワズイモはサトイモの仲間。しかし、その名のとおりアクが強く、煮ても焼いても食べられない。

みずみずしい緑が目にも鮮やか

でっかい葉っぱ！

10:30
不思議な植物を発見！

🚶 徒歩15分

高々とそびえるヒカゲヘゴの根を見ると、幹から垂れ下がるように板状に張り出している。ここまで成長するのに30〜40年もかかるのだとか。

ヒカゲヘゴの枝が落ちたあとは不思議な模様に

観葉植物として人気のクワズイモはこんなに大きくなる

11:00
ハイライトは樹齢150年以上の大木

🚶 徒歩30分

高さ22mにもなるオキナワウラジロガシ。階段を降りて、張り出す板根のそばまで行くことができる。周囲に落ちているドングリも巨大！

太い幹から根が四方に伸びている

奇妙な造形に目が釘付け！

ウラジロガシまでは階段を下る。足元に気をつけて

見上げると、ヒカゲヘゴの葉が模様のように美しい

レベル 🚶 ⋯⋯ 初心者から参加OK　　レベル 🚶🚶 ⋯⋯ 普段からよく歩く人向き　　レベル 🚶🚶🚶 ⋯⋯ 登山経験のある健脚者向き

枝に止まるリュウキュウアカショウビン

クロウサギに会えるかも！

夜に活発に活動するよ！

生き物が主役の夜の森に潜入！

夜の野生生物観察コース

鳴き声と気配を頼りに闇に身を潜める動物を探す

観光ネットワーク奄美
越間 茂雄さん

アマミノクロウサギをはじめ、奄美の希少な生物のなかには夜にしか会えないものも。昼間とはまったく違う、夜の森の世界をのぞきに出かけてみよう。探検するのは奄美の深い森の中。このあたりはアマミノクロウサギやオットンガエルなど希少な生物に出会える確率が高い。生き物たちのかすかな気配に耳を澄ませ、居場所を突き止めよう。ツアーは通年開催しており、4～5月はリュウキュウコノハズクが、6～9月はホタルが観察できる可能性が高くなる。

上／サソリモドキは、無毒だが強力なハサミで昆虫などを捕食 下／アマミノクロウサギは人を見かけると一目散に逃げ出す

もっと知りたい！

小さなライトがあると便利

森は真っ暗なので懐中電灯を持参して。ただしむやみに動物を照らすと逃げてしまうことも。ガイドの指示を守って行動しよう。

両手が使えるヘッドランプ

観光ネットワーク奄美
MAP P.82B3 **所要** 約3時間 **交** AiAiひろばから徒歩約3分。**❶** 市役所前からすぐ **住** 奄美市名瀬幸町19-5 **電** (0997)54-4991 **時** 日没から約3時間 **休** 不定休 **料** 1人9000円、他 P.72参照

スケジュール

所要時間 約3時間	レベル

18:00 集合場所から車で移動

車で40分

集合は観光ネットワーク奄美前。バンに乗って目指すは住用町の森の中。約40分のドライブだ。市内のホテルであれば送迎も可能なので問い合わせてみて。

夕暮れ時に出発する

19:00 ジャングルに到着。夜の森は真っ暗

徒歩30分

いざ、夜の森へ潜入。闇に包まれた森の中は、視力が利かない分、虫や鳥の鳴き声などに敏感になる。何かが出てきそうな予感！

目が慣れるまでは真っ暗

19:30 ハ、ハブ……！？ ヘビが出てきた！

徒歩30分

草むらから出てきたのは、あの猛毒をもつハブ……！ではなくアカマタという無毒のヘビ。臆病なのかこちらの姿を認めると一目散に退散。

普段は気性が荒いそう

20:00 クロウサギの糞。落とし主はどこ？

車で20分

アマミノクロウサギは見通しのよい道ばたで糞をするので、見つけたら静かにあたりを見回してみて。意外なほど近くで餌を食べる姿が見られるかも。

まだ近くにいるかな？

20:20 サガリバナの群生地へ。いい香り～

7～9月ならサガリバナの花の季節。21時頃から花を咲かせ、朝には散ってしまう美しい花だ。開花とともにあたりに甘い香りをふりまく。

花から甘い香りが漂う

野生の生き物だからいつ会えるかはわからないけれど、どうやら雨上がりの夜が生き物の動きは活発みたい。餌を求めて動き回るカエルやそれを狙う鳥やヘビなど、夜の森は驚くほどにぎやかでした。そして雲の切れ間から見えた満天の星に感動しました！

さわやかな海風を感じる絶景ハイキング

宮古崎ハイキング

　ハブが生息する奄美では、気軽に歩けるハイキングルートが少ない。そんななかで比較的安全に歩けるのがここ。遊歩道を20分ほど進むと、突如目の前が開けリュウキュウチクに覆われた草原が広がる。丘の先には真っ青な空と東シナ海が。言葉を失うほどの絶景だ。

風が強いため植物は高く育たず草原となる

植樹された苗木だよ

宮古崎の「ヤマツツジ復活作戦」については P.25 へ

大きな木が目印。ここに車を停めてハイキングスタート

遊歩道は整備されているけれどハブには常に注意！

最初はちょっと山道

開けた場所に出た。海へと続く一本道みたい！

きれいなブルー！

見事な青のグラデーション。ここは釣り場としても有名だ

MAP 折り込み④ B1
名瀬から国直に向かう道路沿いの高台の駐車場が、ハイキングルートの入口。駐車場から宮古崎先端まで徒歩で20分

奄美最高峰の湯湾岳へ

湯湾岳ハイキング

　頂上付近全体が国の天然記念物となっている奄美最高峰（694m）の湯湾岳。登山ルートは大和村と宇検村からのふたとおりあり、大和村側からなら山頂まで20分ほど。宇検村側のルートは山道を50分歩く。山道はところどころわかりづらくハブも多いので、ガイドを頼むのが安全だ。

頂上付近は雨が多いよ

途中から山道はなくなり、枝をかき分けながら進むことに

わーい、山頂……

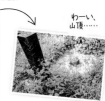

ここが山頂。木が生い茂っているため眺望は期待できない

奄美大島の開祖、シニレクとアマミコが降り立ったといわれる

ケンムンが出てきそう

ちょっと荒れてます

中腹の神社には苔むしたほこらと石像が。静けさが漂う

大和村の登山口からスタート。途中までは木道がある

MAP P.95B1
所要 大和村ルート▶フォレストポリスからさらに車で20分ほど山道を上った所にある湯湾岳登山道入口から徒歩約20分で山頂
宇検村ルート▶湯湾岳展望台の駐車場の奥にある鳥居から山頂まで徒歩約50分

voice 湯湾岳は山頂を目指す登山というより、そこに生息する珍しい植物などを見て歩くのが楽しい。登山地図も十分なものがないので、山歩きはガイドに同行してもらおう。ユワントリモチやシマサルスベリなどといった希少種もガイドと一緒なら見つけやすい。

心まで青く
染まりそう

あまん

とっておきの
海に案内します

波を乗り越え
自力で進む達成感！

シーカヤック

海の上を飛んでるみたい！
透明度抜群の海の上をお散歩

　船では行けない岩の間を通ったり、ビーチに上陸したり、自由自在に海が楽しめるシーカヤック。大島海峡はサンゴと熱帯魚がすむ美しい海が自慢。小回りの利くシーカヤックで思うままに移動して、スノーケルで華やかな海の世界をのぞこう。グループごとの貸切ツアーなので、体力やスキルに応じて加計呂麻島に渡ったり、のんびりビーチを楽しんだりと、アレンジしてくれる。

マリンサービスあまん
山畑 茂穂さん

スケジュール（ある日の一例）

所要時間	体力レベル
約3時間	🚶🚶🚶

09:00 お店に集合
マリンブーツやスノーケリングセットは無料でレンタルできるので水着とタオル、帽子を持参して。日差しが強いので日焼け止めも忘れずに。

お店はビーチからすぐ

09:30 ビーチに移動し、カヤックの練習
パドルの握り方や漕ぎ方をビーチで練習する。レベルに合わせてきちんとレクチャーしてくれるので安心だ。ペダル付きのカヤックだから方向転換も簡単。

両ひじは直角に！

09:45 いざ、海へ向けて出発
練習が終わったら、海に向けて漕ぎ出す。転覆しないように重心を低くして乗り込んで。その日の海況に応じたおすすめポイントへGO！

ちょっとドキドキ……

10:20 サンゴポイントで観察＆スノーケリング
箱めがねで水中を見ると、色とりどりのサンゴと熱帯魚がいっぱいいる！無料で貸してくれる防水カメラで水中写真を撮ってみよう。

観察中は牽引してくれる♪

12:00 海を満喫して、再びビーチへ
プライベートツアーの魅力は好きな場所で好きなだけ遊べること。大満喫してツアー終了。撮影した写真はデータをCDに焼いてくれる。

達成感は満点！

もっとユックリたい！

ベストシーズンは7月
海況が最も安定する7月は、波が穏やかで海面がガラスのよう。海を飛んでいるかのような浮遊感が味わいたいならこの季節を狙って。

日差しが強烈なので日焼け止めやラッシュガードを

1日ツアーなら、午後は所有のグラスボートで海中探検＆スノーケリングという組み合わせもOK

マリンサービスあまん MAP P.95B3 所要 3時間（半日）、7時間（1日）交 瀬戸内海の駅から車で約15分 住 瀬戸内町清水古仁屋平原375-1 ☎(0997)72-4584 時 出発時間は応相談 休 不定休 料 半日6000円、1日1万2000円 駐車場 あり URL www.amamiaman.com 予約 要予約

初めてのシーカヤックだったので、ほかの方の迷惑にならないかと不安だったのだけど、貸切スタイルだったので気兼ねなく楽しめた。この海を知り尽くしたガイドさんだけが知る、とっておきのサンゴポイントに案内してもらえて感激でした。

ウミガメ見えた！

穴が開いてるから海のなかが見える！

ウミガメの海にご案内します！

1組限定のプライベートツアーで
ウミガメとのんびりスノーケリング

ウミガメ
シュノーケリング

ウミガメとの遭遇率は99.8％！
のんびり泳ぐウミガメの姿に感動

OCEANZ
なおくん

　穏やかな浅瀬に遊びに来るウミガメとスノーケリングで泳いでみよう。ボートではなく、ビーチから海に入るスタイルで、1グループにガイド1名がつくプライベートツアーだから、泳ぎが苦手でも小さな子供がいても安心だ。まずは店舗で受付をし、着替えを済ませる。ウエットスーツやスノーケリングギアは料金に含まれている。スノーケリングの基礎を教わったら、車に乗り込みビーチへ出発。ビーチで身支度を整え、準備体操をしたらいざ、海へ。しばらく浅瀬を泳ぐと、早速海藻を食べるウミガメを発見！ウミガメ遭遇率は99.8％（2022年度）というから驚きだ。4歳から参加可能だが、大人のみで参加しても十分楽しい。ショップは更衣室のほかシャンプーやボディソープを備えた温かいシャワー、パウダールームを完備し快適そのもの。ツアーの様子を編集した動画をくれるのもうれしい。

上／ショップには更衣室やシャワーもあってとても快適　下／泳げない子供はフロートに乗って海へ

OCEANZ **MAP** 折り込み②C1　**所要** 約2時間　**交** 奄美空港から車で約8分　**住** 奄美市笠利町平1295-4　**電** 0997-57-1987　**時** 8:30〜15:00までの間で開催（時間は確認）　**休** 荒天時　**料** 7980円〜、4〜12歳6980円〜　**駐車場** あり　**カード** 可　**URL** https://www.oceanz-jp.com　**予約** 必要

スケジュール（ある日の一例）

所要時間 2時間　**体力レベル**

10:00 お店に到着

車で5分

受付後、着替えて簡単な講習を受ける。マスクやスノーケルの使い方、スノーケリングの方法などを教えてくれるので安心。

ウエットスーツはレンタルできる

10:30 ビーチ到着後準備体操

ビーチはショップから車で5分ほど。まずは準備体操を入念に。ビーチからエントリーするので船に弱い人、小さな子供でも安心。

アキレス腱もしっかり伸ばそう

10:40 いざ、海へ出発！

用意ができたら海へ。大人はスノーケリングでポイントへ向かう。子供は専用のフロートに乗ると、ガイドが引っ張ってくれるのでラクラク♪

初めてだからちょっとドキドキ

11:00 ウミガメポイントに到着

10分ほど行くと「下を見て！」というガイドの声が。足下を見ると大きなウミガメの姿。のんびりと海藻を食べるウミガメの姿に感動！

かなり近くまで接近できるけど、触らないように

11:10 きれいなサンゴに癒やされる

ウミガメとたっぷり遊んだあとはスノーケリングタイム。珊瑚礁で遊ぶ熱帯魚がきれい。最後はショップに戻ってシャワーを浴びて終了。

カラフルな熱帯魚がいっぱい

4歳の子供と参加しました。ガイドさんがとても親切で、怖がることもなくカメに会えて大喜びでした。小さな子供の場合、干潮に近いほうが浅くておすすめということ。適した時間帯をアドバイスしてくれるので、まずは問い合わせてみて。

景色を見渡しながら海面をスイスイ

スタンドアップパドル

大きく厚みのあるボードの上に立ち、パドルを漕いで進むスタンドアップパドルは、ハワイ発の人気急上昇アクティビティ。目線が高いから遠くまで見渡せ、かつ水の中もよく見える新鮮な体験だ。比較的安定していてあまり力を必要としないので、どんな人でも挑戦しやすいところが魅力。

安定性の高いボードだから安心！

まずはビーチでパドルの漕ぎ方を練習しよう

潮風がさわやか〜

いざ海へ……最初は座った姿勢から始める

立ったまま澄んだ海の上を進む、初めて味わう感覚

意外と簡単に立ててびっくり！　泳ぐ魚も見える

Kazbo
福田 和矢さん

サーフィンもできるよ

穏やかな海岸を選ぶので、ほぼいつでもできる。降雨時もOKだ

Kazbo　**MAP** 折り込み② B1　**所要** 体験コース約2時間
交 奄美空港から車で15分　**住** 奄美市笠利町用安1252-8
電 (0997)63-0115　**時** 出発時間は応相談　**休** 不定休（雷のときは不可）　**料** サップスクール7000円　**駐車場** あり
URL http://kazbo.com　**予約** 空いていれば当日でも可

ダイナミックなクジラのジャンプに感動！

ホエールウオッチング

1月から4月頃まで子育てに訪れるザトウクジラを、小型のボートに乗って見に行くツアー。最大で15mになるクジラが間近に現れると迫力満点だ。1、2月は瀬戸内町から、3、4月は名瀬近辺から出港することが多い。泳ぎに自信があるなら、クジラと一緒に泳ぐコースも（別料金）。

豪快にジャンプするブリーチングはぜひ見たいアクション

こんなに近くに！

子クジラが一緒のことも多いので、驚かさないようそっと観察

ざっぱ〜ん！

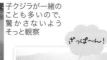

ブリーチングは体についた寄生虫を落とすためといわれる

野生のクジラはいつも見られるとは限らないが、80％の遭遇率とかなりの高確率。防寒着や酔い止めを持っていこう

マリンスポーツ奄美　**MAP** 折り込み① C1　**所要** 約3時間
交 奄美空港から車で約50分　**住** 奄美市名瀬長浜町32-1
電 0120-53-1245　**時** 要確認　**休** 荒天時欠航（開催は1月4日〜3月末）　**料** 6000円（開催は4名から）　**駐車場** あり
URL https://www.msamami.com　**予約** 前日18:00までに要予約

voice　スタンドアップパドルが上達したら、次はサーフィンのように波に乗ったり、ボードだけレンタルしてクルージングや釣りに行ったりとさまざまに楽しめる。ボードにお弁当などを載せて、気の向くままに水面散歩するのも気持ちよさそう。

アクティビティ会社リスト

さまざまなアクティビティが体験できる奄美。
代表的なアクティビティを催行している会社と、
予約や支払いのポイントをご紹介。

ポイント1
予約は電話かHPから
旅行の日程が決まったら早めに予約を。電話でもメールでもいいが、日中はツアー中で電話に出られないことも。その場合、留守電にメッセージを残しておけばかけ直してくれる。

ポイント2
送迎可能か確認を
名瀬出発の場合は、直接お店に集合、それ以外は現地集合ということが多い。移動手段がない場合、送迎可能かどうか相談を。宿泊場所によっては迎えに来てくれたり、道中で合流という手も。

ポイント3
支払いは当日現金で
ほとんどの場合、当日現金で支払う。できるだけおつりのないように準備しておこう。領収書が欲しい場合は事前に連絡を。また、店によっては予約金が必要な場合もある。

自然観察ガイド

アクティビティのジャンル

奄美市
観光ネットワーク奄美 ☎ (0997)54-4991
URL https://www.amami.com

あまみ屋 ☎ (0997)52-8931
URL https://www.amami-ya.com

マングローブ茶屋
☎ (0997)69-2189
URL http://mangroveamami.com

黒潮の森 マングローブパーク
☎ (0997)56-3355
URL https://www.mangrovepark.com

アマニコ奄美大島観光ツアーガイド
☎ (0997)58-7879
URL https://www.amami-occ.com

オーシャンズ
☎ (0997)57-1987
URL https://www.oceanz-jp.com

瀬戸内町
海風舎
☎ (0997)72-4673
URL http://www.43.tok2.com/home/kaifusya

カケロマドットコム
☎ (0997)76-0419
URL https://www.kakeroma.com

マリンサービスあまん
☎ (0997)72-4584
URL https://www.amamiaman.com

ブルーウォーターアドベンチャーズ加計呂麻島
☎ (0997)76-0452

Little Life（リトルライフ）
URL http://little-life.com

素泊まり & 海遊び with DiO
☎ 090-3050-6968
URL https://withdio-amami.com

龍郷町
アイランドサービス
☎ (0997)62-3889
URL https://island-service.com/

住用町
スローガイド奄美 ☎ 090-7288-5980
URL http://amami-guide.com

水中観光船

瀬戸内町
水中観光船せと ☎ (0997)72-1326
URL https://amamiseto.jp/

マングローブカヌー　トレッキング　シーカヤック
湯湾岳ハイキング　ナイトツアー　スノーケリング

パラグライダー

奄美市
ハッピースカイ ☎ 090-5749-9413
URL http://happysky.flier.jp

フィッシング

奄美市
アルカトラズ ☎ 090-4512-8415
URL http://amami-alcatraz.com

ことぶき丸 ☎ 090-8916-7706
URL http://kotobukimaru.net

ダイブステーションサラサ ☎ (0997)63-2567
URL https://www.salasa-amami.com/

奄美つり倶楽部 ☎ (0997)63-2106
URL https://www.amami-fc.com

奄美 釣り船 大黒 ☎ (0997)63-9370
URL http://amami-daikoku.sakura.ne.jp

瀬戸内町
紫微鸞駕 ☎ (0997)75-0628
URL https://shibiranka.com/

ダイバー民宿 ふじ ☎ (0997)72-3552
URL www.hassino-ie.com/fuji/

ホエールウオッチング

瀬戸内町
アクアダイブ Kohollo ☎ (0997)72-4969
URL https://kohollo.jp

龍郷町
ネイティブシー奄美 ☎ (0997)55-4600
URL http://amami-diving.com

ダイビング（体験ダイビング OK）

奄美市
ダイブスピーシーズ奄美 ☎ (0997)69-3785
URL http://amamidiving.com/divespecies

あまみこダイバー ☎ (0997)55-2655
URL https://www.amamico.jp

ひかるダイバーズ ☎ (0997)63-2424
URL https://www.hikarudivers.com

ダイビングショップネバーランド ☎ (0997)56-1001
URL https://www.amami-umikaze.net

瀬戸内町
マリンステイション奄美 ☎ 090-2512-1002
URL https://www.marinestation.jp

マリンブルーカケロマ ☎ (0997)76-0743
URL https://www.marineblue-kakeroma.com

ゼログラヴィティ ☎ (0997)76-3901
URL https://zerogravity.jp

龍郷町
ダイビングサービス ティーダ ☎ (0997)62-5311
URL https://www.ds-teeda.net

リラックスダイビングサービス ☎ (0997)62-4746
URL https://amami-diving-relax.com

ダイビングショッププラ奄美大島 ☎ (0997)62-5880
URL https://www.amami-diving.jp

注意！ 体験ダイビングのあとは、体内に窒素が残留しているため、終了後から飛行機搭乗まで12時間以上必要。日程調整に気をつけて。

VOICE✎ 瀬戸内町にあるゼログラヴィティはバリアフリーのアクティビティ施設。車椅子の方でも、ダイビングをはじめマリンアクティビティを楽しむことができる。同じくバリアフリーの宿泊施設「清水ヴィラ」を併設している（→ P.98）。

白砂の極上ビーチから誰にも教えたくない穴場まで！

奄美12の絶景ビーチ巡り

海に囲まれた奄美なら極上のビーチがすぐそこ。
お気に入りのビーチで至福の島時間を過ごして。

🚻トイレ　🚿シャワー　👕更衣室　🏪売店　🛟監視員　🅿駐車場

※監視員は7月中旬から8月中旬の夏季のみ。常駐時間が限られるので注意。

キメ細かな
パウダーサンド♪

奄美大島・笠利町
1 崎原海岸
さきばるかいがん

集落の先にある隠れ家極上ビーチ。白砂にクリスタルブルーの波が打ち寄せ、まさに天国のよう！

MAP P.89B2
🚃 奄美空港から車で約15分

🚻🚿🅿

奄美大島・笠利町
2 打田原ビーチ
うったばるびーち

崎原海岸の手前のビーチ。広々とした静かなビーチは地元の人にも人気。

MAP P.89B2
🚃 奄美空港から車で約10分

🚻🚿🅿

奄美大島・笠利町
3 神の子海岸
かみのこかいがん

リゾート施設ばしゃ山村の目の前にある、施設が整ったビーチ。岩場には熱帯魚が泳ぐ姿が見られる。

MAP 折り込み②C2
🚃 奄美空港から車で約10分、または●ばしゃ山下車すぐ

🚻🚿🚻🏪🅿

奄美大島・笠利町
4 土盛海岸
とももりかいがん

リーフに囲まれた遠浅のビーチはため息の出るような美しさ。時々、離岸流が発生するので注意。

MAP P.89C2
🚃 奄美空港から車で約10分　🚻🅿

奄美大島・笠利町
5 用安海岸
ようあんかいがん

2kmにわたって続く白砂の海岸。海岸沿いにはリゾートホテルやレストランなどが点在し、アクセスもよい。

MAP 折り込み②C2
🚃 奄美空港から車で約10分

🚻🚿🚻🏪🅿

奄美大島・龍郷町
6 倉崎海岸
くらさきかいがん

笠利湾内にあるため波が穏やかで、凪の日の海面はまるでガラスのよう。体験ダイビングにも使われる。

MAP 折り込み②B1　🚃 奄美空港から車で約25分
🅿

voice♪ 魅力的なビーチがそこかしこにある奄美。もちろん自由に遊べるが、一見穏やかに見える海でも、離岸流という波打ち際から沖合に向かって局所的に生じる強い流れが発生しやすい所も。あらかじめ宿の人などにビーチの様子を聞いておこう。

穴場

奄美大島・名瀬
⑦ 大浜海浜公園
おおはまかいひんこうえん

名瀬から近く、キャンプ場などの設備も充実していて人気。夕焼けや星空の美しさでも有名だ。

MAP 折り込み① A1
🚌 名瀬港から車で約15分

奄美大島・大和村
⑧ 国直ビーチ
くになおびーち

国直の集落にあり、地元の子供たちの格好の遊び場。ゆったりとした島の時間が流れる。

MAP 折り込み④ B1
🚌 名瀬港から車で約25分

奄美大島

真っ白なビーチをお散歩中

奄美大島・宇検村
⑨ タエン浜海水浴場
たえんはまかいすいよくじょう

堤防が高波を防いでくれるので家族連れでも安心。バーベキュー設備などの施設も充実している。

MAP P.95A2　🚌 宇検村役場から車で約25分

穴場

奄美大島・宇検村
⑩ 屋鈍海岸
やどんかいがん

エメラルドグリーンの水をたたえた湾には珊瑚礁と鮮やかな熱帯魚がいっぱい！

MAP P.95A2
🚌 宇検村役場から車で約30分

丸い小石が珍しい！

奄美大島・瀬戸内町
⑫ ホノホシ海岸
ほのほしかいがん

波に角が削られた丸石が敷き詰められた珍しい光景が広がるビーチ。波が荒いため、遊泳には不向き。

奄美大島・瀬戸内町
⑪ ヤドリ浜海水浴場
やどりはまかいすいよくじょう

キャンプ場併設の瀬戸内町でいちばん施設が整う。ビーチのガジュマルの木陰で、さわやかな風を感じながらひと休み。

MAP P.95B3
🚌 瀬戸内海の駅から車で約15分、または🚏ヤドリ浜下車すぐ

MAP P.95B3
🚌 瀬戸内海の駅から車で約15分、または🚏ヤドリ浜下車徒歩約10分

奄美大島 名瀬

東シナ海に面し三方を山で囲まれた平野部に発展した町。ホテルや飲食店、商店がひしめく奄美随一の都市であり、また近くの島への中継地でもある。

📷 観る・遊ぶ
商店街散策や食べ歩き 人気のビーチへもすぐ

　商店、飲食店が林立する活気あふれる名瀬。市場には豚足や珍しい島の野菜が並び、夜はネオンが輝く。少し足を延ばせば金作原や大浜海浜公園といった自然もいっぱい。

🍜 食べる・飲む
郷土料理や焼酎バーなど 目移りするほどの選択肢

　名瀬で夕食に困ることはない。特に町の西側の「屋仁川通り」には200店以上もの飲食店が密集し、奄美の伝統芸能であるシマ唄が楽しめるライブハウスや郷土料理店が軒を連ねる。

🎁 買う
大島紬や島スイーツ ハイセンスな雑貨も

　中心部のアーケード、「ティダモール」は地元の人々御用達の商店街。大島紬を扱う店も多い。島の素材を使ったお菓子や、島をモチーフにしたTシャツなどおみやげも豊富。

🏠 泊まる
ビジネスホテルや 民宿が多くひとり旅OK

　ビジネス利用も多いため、コンパクトながら設備の整ったシティホテルが多い。インターネット接続はほぼ無料なのがうれしい。より島らしさを感じられる民宿も根強い人気だ。

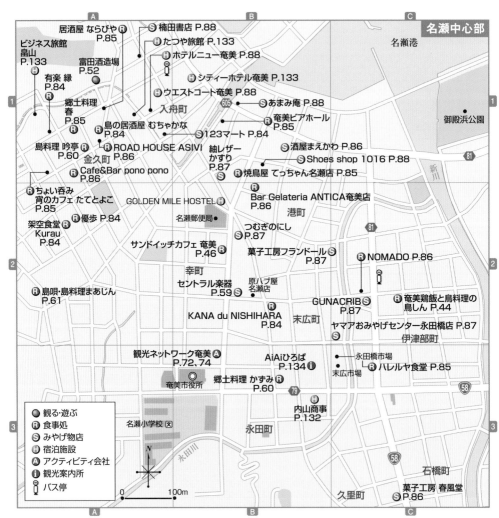

名瀬中心部

居酒屋 ならびや P.85
ビジネス旅館 畠山 P.133
富田酒造場 P.52
有楽 縁 P.84
郷土料理 春 P.85
島料理 吟亭 P.60
金久町
Cafe&Bar pono pono P.86
ちょい呑み 宵のカフェ たてとよこ P.85
架空食堂 Kurau P.84
島唄・島料理まあじん P.61

楠田書店 P.88
たつや旅館 P.133
ホテルニュー奄美 P.88
シティーホテル奄美 P.133
ウエストコート奄美 P.88
入舟町
島の居酒屋 むちゃかな P.84
123マート P.84
ROAD HOUSE ASIVI P.86
紬レザー かすり P.87
焼鳥屋 てっちゃん名瀬店 P.85
GOLDEN MILE HOSTEL
名瀬郵便局
優歩 P.84
サンドイッチカフェ 奄美 P.46
幸町
セントラル楽器 P.59
KANA du NISHIHARA P.84
観光ネットワーク奄美 P.72、74
奄美市役所
郷土料理 かずみ P.60
名瀬小学校
永田町

名瀬港
御殿浜公園
新川
あまみ庵 P.88
奄美ビアホール P.85
酒屋まえかわ P.86
Shoes shop 1016 P.88
Bar Gelateria ANTICA奄美店 P.86
港町
つむぎのにし P.87
菓子工房フランドール P.87
NOMADO P.86
GUNACRIB P.87
奄美鶏飯と鳥料理の鳥しん P.44
ヤマアおみやげセンター永田橋店 P.87
伊津部町
永田橋市場
末広町
AiAiひろば P.134
末広市場
ハレルヤ食堂 P.85
内山商事 P.132
原ハブ屋 名瀬店
石橋町
菓子工房 春風堂 P.86
久里町
永田川

凡例
● 観る・遊ぶ
R 食事処
S みやげ物店
宿泊施設
A アクティビティ会社
i 観光案内所
バス停

0　　　100m
N

VOICE 奄美の自然に魅せられ、昭和33年、50歳を過ぎて奄美に移住した画家、田中一村。亜熱帯の鳥や自然を描き続けた一村は、昭和52年、69歳でその生涯を閉じた。一村の暮らした家は名瀬市内から車で15分ほどの集落にひっそりと残されている。

📷 博物館　エリア 名瀬　MAP 折り込み① C1

奄美市立奄美博物館
あまみしりつあまみはくぶつかん

奄美の文化や自然について知ろう

吹き抜けに展示された迫力ある木造の舟のほか、周辺諸国と深い関わりがある奄美の歴史や独自の文化をわかりやすく展示。雨の日のアクティビティとしても人気がある。

上／かつて奄美で使われていた昔の木造の舟　左下／群倉の復元が展示される　右下／3階にわたり奄美の歴史、文化を展示

🚗 名瀬港から車で約5分。🚶 長浜から徒歩約3分　🏠 奄美市名瀬長浜町517　📞 (0997) 54-1210　🕐 9:00〜17:00　休 第3月曜
💴 大人310円、高校・大学生150円、小・中学生100円　🅿 駐車場 あり

📷 水族館　エリア 名瀬　MAP 折り込み① A1

奄美海洋展示館
あまみかいようてんじかん

熱帯魚が遊ぶ高さ5mの水槽に注目

奄美の海にすむ生き物に触れられる施設。2022年3月にリニューアルし、従来の飼育展示数の約倍の100種類に。中央の水槽にはウミガメが泳ぎ、餌やり体験もできる。併設のショップでは、グッズやウミガメバーガーを販売。

上／水槽では奄美の海岸を再現　左下／大型シアターで奄美の自然を放映　右下／ウミガメとごあいさつ

🚗 名瀬港から車で約20分。🚶 大浜海浜公園からすぐ　🏠 奄美市名瀬小宿字大浜701-1　📞 (0997) 55-6000　🕐 9:30〜18:00（入館は〜17:30）　休 なし　💴 500円、小・中学生300円　🅿 駐車場 あり

📷 公園　エリア 名瀬　MAP 折り込み① A1

大浜海浜公園
おおはまかいひんこうえん

日本の渚100選に選ばれた美景ビーチ

シャワーやバーベキュー施設、奄美らしい植物が茂る遊歩道が整備された市民にも人気のビーチ。夕日の名所としても知られる。

🚗 名瀬港から車で約20分。🚶 大浜海浜公園からすぐ　🏠 奄美市名瀬小宿字大浜701-1　📞 (0997) 55-6000　休 なし　🅿 駐車場 あり

📷 公園　エリア 名瀬　MAP 折り込み① C2

おがみ山公園
おがみやまこうえん

町なかで気軽に自然と触れ合える

名瀬市内にある高さ97mの小さな山で、ガジュマルやヒカゲヘゴなど亜熱帯植物が茂る中を散策できる。行幸広場や展望広場からの眺めは抜群。

🚗 AiAiひろばから徒歩約10分。🚶 市役所前から徒歩約5分　🏠 奄美市名瀬永田町15　🅿 駐車場 なし

📷 展望台　エリア 名瀬　MAP 折り込み① D1

大熊展望広場
だいくまてんぼうひろば

高台から名瀬の町を一望

名瀬港の北東に位置する大熊港から秋名集落へ向かう峠にある展望台。眼下には青く輝く東シナ海や忙しく行き来する貨物船、そしてわずかな平野部に建物が密集する名瀬の町が広がる。

🚗 名瀬港から車で約15分。🚶 大熊峠から徒歩約5分　🏠 奄美市名瀬大字大熊　🅿 駐車場 あり

📷 博物館　エリア 名瀬　MAP 折り込み① C1

奄美観光ハブセンター
あまみかんこうはぶせんたー

動くハブも間近に観察できる

1974年オープンの歴史あるハブセンター。1階の売店ではハブ製品を販売。地下ではハブの標本を展示、2階ではハブ対マングースのビデオが見られる。

🚗 名瀬港から車で約5分。🚶 塩浜から徒歩約3分　🏠 奄美市名瀬長浜町3-15　📞 (0997) 52-1505　🕐 9:00〜17:00　休 なし　💴 大人750円、小・中学生300円　🅿 駐車場 あり

---

voice 奄美市立奄美博物館の屋外には伝統的な奄美の民家が再現されている。一部は瀬戸内町管鈍の築150年の家から移築されたもの。門から入って庭を歩き、オモテ（主屋、座敷）やトーグラ（台所、居間）、家畜小屋、サスヤ（物置）などを見て回ろう。

居酒屋　エリア 名瀬　MAP P.82A1

有楽　縁
ゆうらく　えん

完全予約制の珠玉のコースを味わう

　オーストラリアで15年修業したオーナーが地元奄美に戻り日本食店をオープン。5000円と7000円、9000円のコースのほか、アラカルトも。木〜土のみランチ（天丼850円など）あり。

上／本格和食が並ぶ　左下／座敷とカウンター　右下／空きがあれば当日15:00まで受付可

🚌 AiAiひろばから徒歩約7分。🚶 だるま市場通りから徒歩約3分　🏠 奄美市名瀬金久町13-3　☎ 080-3999-4228　🕐 12:00〜L.O.13:30（木〜土のみ）18:00〜L.O.21:00　休 日・月曜（応相談）　カード 可　駐車場 なし

バー　エリア 名瀬　MAP P.82B2

KANA du NISHIHIRA
かな ど にしはら

老舗酒造所の味が楽しめるアンテナショップ

　珊瑚、加那といった黒糖焼酎を製造する西平酒造が名瀬にオープンしたバー＆ショップ。ひときわ目を引くしゃれた店では、スタッフに相談しながら焼酎を選ぶことができる。

上／有料試飲ができるバーカウンター　左下／写真を撮りたくなる店内　右下／飲み比べセットもある

🚌 AiAiひろばから徒歩約5分。🚶 名瀬郵便局前から徒歩約4分　🏠 奄美市名瀬末広町10-1　☎ (0997)57-1509　🕐 13:00〜17:00　休 土・日曜・祝日　駐車場 なし

居酒屋　エリア 名瀬　MAP P.82A1

島の居酒屋　むちゃかな
しまのいざかや　むちゃかな

多彩なメニューを取り揃える居酒屋

　地元の人でにぎわう人気店。島料理から定番のつまみ、ご飯ものまで100種類以上ものメニューを楽しめる。濃厚なスープをかけていただく鶏飯丼1280円はシメにぴったり。

上／豚のアバラと島野菜の煮物1850円　左下／生あおさの天ぷら800円　右下／黒糖焼酎は約100種類

🚌 AiAiひろばから徒歩約7分。🚶 だるま市場通りから徒歩約3分　🏠 奄美市名瀬金久町4-18　ASJビル1階　☎ (0997)52-8505　🕐 17:00〜23:00（L.O.22:00）　休 なし　カード 可　駐車場 なし

居酒屋　エリア 名瀬　MAP P.82A2

優歩
ゆうほ

季節の恵みをお酒に合う調理で

　全国から仕入れる日本酒と黒糖焼酎、地元の新鮮な食材を生かした料理を味わえる居酒屋。おすすめは島黒豚のさんご塩焼き1000円など。

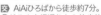

🚌 AiAiひろばから徒歩約7分。🚶 だるま市場通りから徒歩約2分　🏠 奄美市名瀬金久町16-16　☎ (0997)53-1585　🕐 18:00〜23:30　休 月曜　駐車場 なし

ビストロ　エリア 名瀬　MAP P.82A2

架空食堂 Kurau
かくうしょくどう　くらう

親しみやすいビストロ料理が評判

　島の黒豚を使った自家製ソーセージなどヨーロッパの家庭料理を提供。フランスやイタリアの自然派ワインも揃えている。

🚌 AiAiひろばから徒歩約7分。🚶 だるま市通りから徒歩約2分　🏠 奄美市名瀬金久町16-6　☎ (0997)58-8618　🕐 18:00〜深夜　休 日曜　駐車場 なし　カード 可

VOICE　名瀬の中心部にあるコンビニエンスストア「123マート」は、通常のコンビニのラインアップに加え、島のおみやげが豊富に揃う。8:00〜24:00と営業時間が長いのもありがたい。2階はファミレスの「ジョイフル」だ。

島料理

郷土料理　春
きょうどりょうり　はる

エリア 名瀬　MAP P.82A1

昔ながらの島料理を求めて著名人も訪れる

　島料理や奄美産の地魚、島豚を使ったメニューが豊富。優しい女将さんのもてなしが心地いい。豚足の塩焼き800円や山羊汁1200円など奄美の郷土料理が味わえる。

上／昔ながらの島料理が豊富　左下／カウンターのほか、小上がりや個室も　右下／人気店なので予約を

AiAiひろばから徒歩約8分。❶だるま市場通りから徒歩約2分　奄美市名瀬金久町6-12 春ビル1F　(0997)52-7628　17:30～23:00 (L.O.22:30)　日曜　駐車場 なし

ラーメン

ハレルヤ食堂
はれるやしょくどう

エリア 名瀬　MAP P.82C3

島の味覚を一杯のどんぶりに凝縮

　鶏飯のスープに島豚をブレンドし深みを出したスープに、チャーシューと季節の島野菜をトッピング。珠玉の島ラーメンは600円。

AiAiひろばから徒歩約2分。❶永田橋から徒歩約3分　奄美市名瀬末広町13-25 永田橋市場内　090-8913-8068　11:00～20:00　土曜　駐車場 なし

島料理

居酒屋　ならびや
いざかや　ならびや

エリア 名瀬　MAP P.82A1

若手唄者が集う店で黒糖焼酎を飲み比べ

　黒糖焼酎の品揃えはなんと約200種類。郷土料理のおまかせと飲み放題が含まれた「島唄コース」5000円がおすすめ。コースは要予約。

AiAiひろばから徒歩約8分。❶入舟町から徒歩約3分　奄美市名瀬金久町4-5　(0997)54-5555　18:00～23:00　不定休　駐車場 あり　カード 可

バー

ちょい呑み 宵のカフェ たてとよこ
ちょいのみ　よいのかふぇ　たてとよこ

エリア 名瀬　MAP P.82A1

昭和レトロムード満点のバー

　一歩店内に入るとそこは昭和のバー。マスターの黒糖焼酎へのこだわりは人一倍。貴重な焼酎も揃う。ちょい呑みセットは1500円。

AiAiひろばから徒歩約7分。❶だるま市場通りから徒歩約3分　奄美市名瀬金久町14-2 屋仁川ビル2階　(0997)54-2110　19:00～24:00　日・月曜　駐車場 なし

ビアバー

奄美ビアホール
あまみびあほーる

エリア 名瀬　MAP P.82B1

できたて地ビール片手に盛り上がる

　奄美大島唯一のブルワリー併設のビアバー。できたてのビールは純黒糖ブラウンエールや島バナナパイツェンなど常時5～8種類。ビールに合う島料理も豊富に用意する。

左上／ビール各660円と料理が揃う　左下／飲み比べセット1500円　右下／店内の奥でビールを作る

AiAiひろばから徒歩約7分　奄美市名瀬港町1-2　(0997)58-8100　17:00～24:00　木曜　駐車場 なし　カード 可

島料理

焼鳥屋 てっちゃん　名瀬店
やきとりや　てっちゃん　なぜてん

エリア 名瀬　MAP P.82B1

煙を吐き出すハブの煙突が目印

　焼き鳥と郷土料理の店。おまかせ串焼き6本980円。皮面をさっと炙ったトリ刺800円や豚足600円、鶏飯1100円などが人気。

AiAiひろばから徒歩約5分。❶名瀬郵便局前から徒歩約2分　奄美市名瀬港町3-5　(0997)53-1300　11:00～23:00　不定休　駐車場 あり

　奄美随一の町、名瀬でもランチタイムを逃すと食事にありつけないことが。そんなときは、郷土料理の鳥しん（→ P.45）やホテルウエストコート斜め向かいの、お好み焼きの満月などが通し営業だ。ファミレスの「ジョイフル」もある。

85

🍲 島料理　　エリア 名瀬　MAP 折り込み① C1

郷土料理レストラン　あさばな
きょうどりょうりれすとらん　あさばな

うま味たっぷりの島豚をしゃぶしゃぶで

奄美大島産島豚のもも肉150gと刺身や小鉢などがセットで2200円。特製のゴマだれかポン酢で召し上がれ。2名より注文可能。

🚗 名瀬港から車で約5分。🏢 長浜からすぐ　🏨 ホテル ビッグマリン奄美内　☎ (0997)53-1321　🕐 11:30〜14:00 (L.O.13:30)、18:00〜21:30 (L.O.21:00)　🈳 なし　🅿 あり

🍦 ジェラート　　エリア 名瀬　MAP P.82B2

Bar Gelateria ANTICA 奄美店
ばーる じぇらてりあ あんていか あまみてん

奄美ならではのジェラートに舌鼓

奄美たんかん、奄美すもも、さんご塩など限定フレーバーが豊富で、全部食べてみたくなりそう。シングル390円、ダブル490円。

🚶 AiAiひろばから徒歩約5分。🏢 港湾待合所前から徒歩約2分　🏠 奄美市名瀬港町5-26マルサンビル1F　☎ (0997)69-3345　🕐 10:30〜19:00　🈳 なし　🅿 なし

🍲 バー＆ライブハウス　エリア 名瀬　MAP P.82A1

ROAD HOUSE ASIVI
ろーど はうす あしび

地元のアーティストのライブが楽しめる

週末を中心に奄美で活躍するアーティストのライブを開催。シマ唄だけでなくロックやジャズも。その他の日はバーとして営業する。

🚶 AiAiひろばから徒歩約6分。🏢 ウエストコート前から徒歩約2分　🏠 奄美市名瀬金久町4-3　☎ (0997)53-2223　🕐 20:00〜翌3:00　🈳 火曜　🅿 なし　URL https://www.a-mp.co.jp

☕ カフェ　　エリア 名瀬　MAP P.82C2

NOMADO
のまど

旅人がふらりと立ち寄れる居心地抜群のカフェ

看板メニューの2種あいがけカレーはチキンと日替わりで1300円（ドリンク付き）。フラッペやスムージー各600円などドリンクだけでも気軽に立ち寄れる。

🚶 AiAiひろばから徒歩約2分。🏢 永田橋からすぐ　🏠 奄美市名瀬伊津部町10-13迫田ビル1階　☎ (0997)57-1333　🕐 11:00〜19:00　🈳 水曜　🅿 なし

🍲 創作料理　　エリア 名瀬　MAP P.82A1

Cafe & Bar pono pono
かふぇ＆ばー ぼのぼの

ひとりでも深夜でも気兼ねなく楽しめるバー

多国籍創作料理が味わえるカフェバー。テーブル席、ソファ席のほか、カウンターもありひとりでもOK。深夜までオープンで2軒目にも使える。

🚶 AiAiひろばから徒歩約7分。🏢 だるま市場通りから徒歩約1分　🏠 奄美市名瀬金久町11-13　☎ (0997)69-3008　🕐 19:00〜翌3:00　🈳 不定休　🅿 なし

🎁 黒糖焼酎　　エリア 名瀬　MAP P.82B1

酒屋　まえかわ
さかや　まえかわ

名瀬随一の黒糖焼酎の品揃え

奄美で製造されている黒糖焼酎の代表的な銘柄はほぼすべて揃う。どれにするか迷ったら知識豊富な店主に相談しよう。全国発送もできる。

🚶 AiAiひろばから徒歩約10分。🏢 港町から徒歩約2分　🏠 奄美市名瀬港町6-10　☎ (0997)52-4672　🕐 10:00〜21:00　🈳 日曜　🅿 あり　カード 可

☕ カフェ　　エリア 名瀬　MAP 折り込み① C1

オリバーズカフェ
おりばーずかふぇ

キュートなカフェでほっこり優しい食事を

日替わりランチや熟成サーロインステーキが味わえる。デザートでは旬のフルーツを使ったパフェ1000円〜がいちばん人気。

🚗 名瀬港から車で約3分。🏢 中央病院前からすぐ　🏠 奄美市名瀬長浜町14-7　☎ (0997)69-3730　🕐 11:00〜15:30 (L.O.14:45)　🈳 火曜　🅿 あり

🎁 スイーツ　　エリア 名瀬　MAP P.82C3

菓子工房 春風堂
かしこうぼう しゅんぷうどう

おみやげ用と自分用、お菓子をまとめ買い

島の特産品である黒糖やタンカンなどを使った和洋菓子が並ぶ。おみやげには、こしあん入りで上品な甘さの黒糖饅頭、黒うさぎの子守唄が人気。

🚶 AiAiひろばから徒歩約5分。🏢 大島高校前から徒歩約1分　🏠 奄美市名瀬里町2-16　☎ (0997)53-3638　🕐 9:00〜20:00（日曜〜19:00）　🈳 不定休　🅿 なし　カード 可

voice 宿に朝食が付いていないなら名瀬港の隣にある「名瀬港湾センター」の食堂に行ってみるのもいい。6:00から11:00までは朝定食が、14:00まではランチメニューが味わえる。夜は17:00〜20:45まで。オムライスや豚骨定食（750円）が人気だ。

🏠 島食材　| エリア 名瀬 | MAP P.82C2

ヤマアおみやげセンター永田橋店
やまあおみやげせんたーながたばしてん

ついつい止まらなくなる奄美の粒味噌

　奄美の家庭になくてはならない粒味噌メーカーの直営店。量り売りやパック詰めの味噌のほか、そのまま食べられる加工品も豊富でおみやげ探しにも◎。

🚶 AiAiひろばから徒歩約2分。
📍 永田橋から徒歩約3分。 🏠 奄美市名瀬末広町13-2　📞 (0997)52-7600　🕐 9:00～19:00　休 なし　駐車場 あり

🏠 雑貨　| エリア 名瀬 | MAP P.82C2

GUNACRIB
ぐなくりぶ

奄美の新しいアウトドアスタイルの発信地

　アウトドアブランドdevadurgaの奄美直営店。テントなどのキャンプグッズをはじめオリジナルデザインのTシャツやカットソーが並ぶ。

🚶 AiAiひろばから徒歩約2分。
📍 永田橋からすぐ　🏠 奄美市名瀬伊津部町11-7　📞 (0997)69-4800　🕐 11:00～18:00　休 木曜　カード 可　駐車場 なし

🏠 スイーツ　| エリア 名瀬 | MAP P.82C2

菓子工房フランドール
かしこうぼうふらんどーる

優しい甘さの生ケーキや焼き菓子

　島のフルーツや黒糖など素材にこだわり、ていねいに作った洋菓子が揃う。隣接する同経営のパンの店「奄美きらら海工房　朝日通り店」も合わせて訪れたい。

🚶 AiAiひろばから徒歩約3分。
📍 港町待合所前から徒歩約1分　🏠 奄美市名瀬末広町5-3　📞 (0997)52-7345　🕐 8:00～19:00　休 なし　駐車場 あり

🏠 紬製品　| エリア 名瀬 | MAP P.82B1

紬レザー　かすり
つむぎれざー　かすり

伝統的な紬を現代的に復活

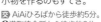

　大島紬と革素材を融合させたオリジナルグッズが人気のショップ。キーホルダー3800円～。オーダーメイドもでき、世界で唯一の革小物を作るのもすてき。

🚶 AiAiひろばから徒歩約5分。
📍 港町待合所から徒歩約3分　🏠 奄美市名瀬港町3-16　📞 (0997)52-0030　🕐 9:00～19:00　休 日曜　カード 可　駐車場 あり

🏠 スイーツ　| エリア 名瀬 | MAP 折り込み① D1

スイーツ&コンフィチュール Sonoka
すいーつ&こんふぃちゅーる　そのか

タンカンを贅沢に使用したスイーツ

　試行錯誤の末に完成したタンカンコンフィチュール2106円は、酸味、甘味、苦味のバランスが完璧。大切な人へのおみやげに。

🚶 名瀬港から車で約17分。
📍 浦上農試前から徒歩約3分　🏠 奄美市名瀬浦上町17-1　📞 (0997)58-4388　🕐 9:00～20:00　休 水曜　駐車場 あり　カード 可

🏠 Tシャツ　| エリア 名瀬 | MAP 折り込み① C1

島ノコタチ
しまのこたち

奄美への思いをTシャツに込めて

　奄美大島出身の両親をもつオーナーがデザインするTシャツが人気。島の風習や生き物たちが、ユーモアたっぷりに描かれる。親子コーデもできる。

🚶 名瀬港から車で約3分。 📍 中央病院前から徒歩約2分　🏠 奄美市名瀬長浜町15-1　📞 (0997)58-7833　🕐 11:00～18:30　休 不定休　駐車場 あり

🏠 スイーツ　| エリア 名瀬 | MAP 折り込み① C1

あんだぎや
あんだぎや

揚げたてをほお張って

　サーターアンダギーの専門店。しゃれたケースに入った6個パック650円はおみやげに。島内の小売店で買えるが、本店では揚げたてが手に入る（要予約）。

🚶 AiAiひろばから車で約5分。
📍 長浜から徒歩約2分　🏠 奄美市名瀬長浜町24-17　📞 (0997)69-3300　🕐 9:00～17:00　休 水・日曜　駐車場 あり

🏠 大島紬　| エリア 名瀬 | MAP P.82B2

つむぎのにし
つむぎのにし

上質な大島紬をかわいい雑貨にアレンジ

　創業70年以上という老舗店ならではの品揃えと質の良い大島紬製品が揃う。財布やペットボトルカバー、シュシュなど手頃な小物も充実。

🚶 AiAiひろばから徒歩約4分。
📍 名瀬郵便局前からすぐ　🏠 奄美市名瀬末広町1-4　📞 (0997)53-5296　🕐 10:00～19:00　休 不定休　駐車場 なし

voice　名瀬に6店舗を展開するスーパー「グリーンストア」。特にアーケード内にある末広店は新しく品揃え豊富だ。奄美産のクロマグロや、地元のタンカン、スモモ、パッションフルーツなど季節の果物、豚のあぶらや豚骨の煮物、豚味噌など自家製総菜が豊富。

🎁 ビーチサンダル　エリア 名瀬　MAP P.82B1

Shoes shop 1016
しゅーずしょっぷ といろ

カスタマイズできるビーチサンダルが人気

ソールと鼻緒各16色のなかから好みの色を組み合わせて作るビーチサンダル1100円〜が人気。ビーチサンダルはその場で作ってもらえるのですぐに使える。

🚶 AiAiひろばから徒歩約5分。
🚌 名瀬郵便局前から徒歩約4分　🏠 奄美市名瀬港町5-3　📞 (0997)57-1262　🕐 11:00〜18:00　🈑 木曜　🅿 なし　カード 可

📚 書籍　エリア 名瀬　MAP P.82A1

楠田書店
くすだしょてん

奄美のことがよくわかる書籍が充実

郷土の歴史や文化の資料から、写真集やガイドブックまで幅広いラインアップ。店主の楠田哲久さんにおすすめを聞いてみよう。

🚶 AiAiひろばから徒歩約8分。
🚌 ウエストコート前から徒歩約1分　🏠 奄美市名瀬入舟町6-1　📞 (0997)52-2631　🕐 9:00〜19:00（土・日曜、祝日は10:00〜18:00）　🈑 なし　🅿 あり

🎁 書籍　エリア 名瀬　MAP P.82B1

あまみ庵
あまみあん

奄美の郷土本ならここへ

奄美の歴史書、料理本、民俗・風俗などの専門書、奄美の小説、シマ唄のCDなど、絶版のものも含め、おびただしい数の奄美関連の書籍を扱う。

🚶 AiAi広場から徒歩約8分
🏠 奄美市名瀬港町10-4 安商事ビル2階　📞 (0997)54-1611　🕐 10:00〜20:00　🈑 なし　🅿 あり

🎁 海鮮　エリア 名瀬　MAP 折り込み① C2

みしょれ市場
みしょれいちば

島のお総菜のフードコート

2023年8月4日オープン。地元の魚介やお総菜を購入し、店内外のテーブル席で食べられる。海鮮丼や焼き豚足など島料理も豊富に揃う。

🚶 AiAiひろばから徒歩約10分。
🚌 ウエストコート前から徒歩約1分　🏠 奄美市名瀬入舟町5-17　📞 (0997)57-1811　🕐 11:00〜22:00　🈑 火曜　🅿 なし　カード 可

🏨 ホテル　エリア 名瀬　MAP 折り込み① C2

サンデイズ奄美
さんでいずあまみ

新しく市街地に誕生したホテル

名瀬港近くにオープン。シングルからスイートまで6タイプの部屋を用意。機能的な客室は居心地がいい。サウナを備えた展望風呂も好評。

🚶 AiAi広場から徒歩約10分
🏠 奄美市名瀬矢之脇町30-1　📞 (0997)53-5151　💴 素6250円〜、朝7450円〜　客室数 206室　カード 可
URL https://hotelsundays.com/amami/

🏨 ホテル　エリア 名瀬　MAP P.82A1

ホテルニュー奄美
ほてるにゅーあまみ

中心地までのアクセスがよい大型ビジネスホテル

客室はコンパクトながら設備は整っており、立地もよくアクティブに過ごせる。大浴場やサウナも備えている（宿泊客無料、日により男性のみ）。

🚶 AiAiひろばから徒歩約7分。
🚌 ウエストコート前から徒歩約1分　🏠 奄美市名瀬入舟町9-2　📞 (0997)52-2000　💴 素4100円〜　客室数 181室　カード 可
URL https://www.newamami.com

🏨 ホテル　エリア 名瀬　MAP P.82A1

ウエストコート奄美
うえすとこーとあまみ

バス停目の前のアクセス至便なビジネスホテル

客室はコンパクトだが機能的。清潔で女性ひとりでも安心。種類豊富な朝食も好評だ。空港連絡バスの発着地でもあり、アクセスのよさも魅力。

🚶 AiAi ひろばから徒歩約8分。
🚌 ウエストコート前からすぐ　🏠 奄美市名瀬入舟町9-1　📞 (0997)52-8080　💴 素5940円〜、朝6350円〜　客室数 127室　カード 可　🅿 あり　URL https://www.westcourt.co.jp

---

🏨 ホテル　エリア 名瀬　MAP 折り込み① C1

奄美山羊島ホテル
あまみやぎじまほてる

全室オーシャンビューでリゾート感満点

名瀬港の入口にある小島に立つホテル。客室の海を望むテラス、展望露天風呂、ミストサウナが好評。敷地内に飼育されているヤギがかわいい。

🚶 名瀬港から車で約10分。🚌 佐大熊団地から徒歩約10分　🏠 奄美市名瀬大熊字鳩1382-1　📞 (0997)54-5111　💴 素6480円〜　客室数 45室　カード 可　🅿 あり　URL http://yagijima.com

---

VOICE 「ウエストコート奄美」から徒歩2分の所にある「ウエストコート奄美Ⅱ」は大浴場にサウナ、ミストサウナを備える。ウエストコートに宿泊しても大浴場を利用することができるので、ぜひ大きなお風呂で手足を伸ばしてくつろごう。

奄美大島 北 部 龍郷町・笠利町

なだらかな丘陵地帯が多い北部は、サンゴに彩られた美しい海とサトウキビ畑が広がる開放的なエリア。

📷 観る・遊ぶ

人気のビーチや文化体験スポットが点在

　奄美空港のある北部には、島唯一ともいえる広大な平野部があり、サトウキビ栽培が盛んに行われている。一面のサトウキビ畑を眺めながら、あやまる岬、蒲生崎などの景勝地を巡るドライブが楽しい。「奄美パーク」や「大島紬村」「ばしゃ山村」など、貴重な文化体験ができる施設が整っている。

🎁 買 う

本場大島紬や魔よけ効果のあるハブ製品を

　龍郷町では大島紬の生産が盛ん。「大島紬村」では着物はもちろん、大島紬を使った小銭入れやブックカバーなど手頃な値段の製品も揃う。また、代々ハブの革を加工・製造してきた原ハブ屋ではハブ革やハブの骨を加工した、アクセサリー類が購入できる。魔よけにもなるといわれるハブグッズを手に入れてみては。

🍜 食べる・飲む

奄美を代表する鶏飯の名店が点在

　現在は奄美大島全土で食べられる鶏飯だが、もともとは北部の郷土料理だ。笠利町の「みなとや」、龍郷町の「ひさ倉」など島人に愛される鶏飯の名店がある。また、個性的なカフェやレストランも多い。北部では飲食店は広範囲に点在しているので、夕食はホテルで食べるか車で店まで出かけることになる。

🏠 泊まる

リゾート型の大型ホテルで快適な滞在を

　レストランやプール、アクティビティなどが整ったリゾートタイプのホテルが点在し、ホテル内や目の前のビーチでのんびり過ごす人が多い。また、ダイビングサービスも充実しており、ダイバーが快適に滞在できるよう工夫された施設も。民宿もあるが、交通機関が限られているため、レンタカーかバイクが便利。

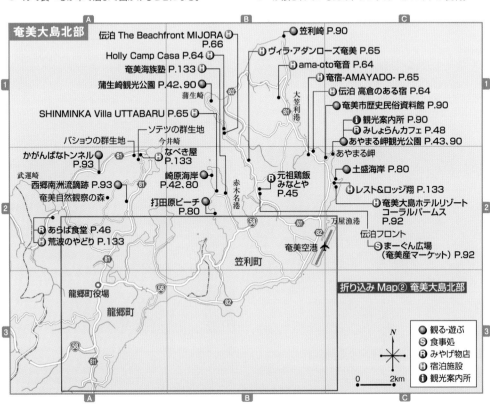

奄美大島北部

伝泊 The Beachfront MIJORA P.66
Holly Camp Casa P.64
奄美海族塾 P.133
蒲生崎観光公園 P.42,90
SHINMINKA Villa UTTABARU P.65
バショウの群生地
ソテツの群生地
かがんばなトンネル P.93
西郷南洲流謫跡 P.93
奄美自然観察の森
なべき屋 P.133
崎原海岸 P.42,80
打田原ビーチ P.80
あらば食堂 P.46
荒波のやどり P.133

笠利崎 P.90
ヴィラ・アダンローズ奄美 P.65
ama-oto 奄音 P.64
奄宿-AMAYADO- P.65
伝泊 高倉のある宿 P.64
奄美市歴史民俗資料館 P.90
観光案内所 P.90
みしょらんカフェ P.48
あやまる岬観光公園 P.43,90
あやまる岬
元祖鶏飯 みなとや P.45
土盛海岸 P.80
レスト&ロッジ翔 P.133
奄美大島ホテルリゾート コーラルパームス P.92
伝泊フロント
まーぐん広場（奄美産マーケット）P.92

蒲生崎
今井崎
武運崎
赤木名港
大笠利港
笠利崎
万屋漁港
奄美空港
笠利町
龍郷町役場
龍郷町

折り込み Map② 奄美大島北部

● 観る・遊ぶ
Ⓢ 食事処
Ⓡ みやげ物店
Ⓗ 宿泊施設
ⓘ 観光案内所

N
0　　2km

voice 北部には空港のある笠利町と大島紬の盛んな龍郷町があるが 2006 年、笠利町は奄美市に合併。しかし、この合併に龍郷町は加わらなかったため、同じ奄美市である名瀬と笠利町の間に、龍郷町を挟むという、約 30km 離れた飛び地となっている。

89

笠利町
かさりちょう

奄美大島の北部に位置し、なだらかな丘陵地帯にサトウキビが揺れるのどかなエリア。海岸線沿いにはホテルが点在し、リゾートムードが感じられる。

📷 資料館　エリア 笠利町　MAP P.89C2

奄美市歴史民俗資料館
あまみしれきしみんぞくしりょうかん

遺跡の出土品やかつての生活用具を展示

宇宿貝塚から発掘された考古学資料や、かつて奄美の人々が暮らしから生み出した道具、当時の衣類など興味深い展示が豊富。

🚗 奄美空港から車で約10分　🏠 奄美市笠利町須野670　☎ (0997)63-9531　🕐 9:00～12:00、13:00～17:00　🈂 月曜(祝日の場合は翌日)　💰 大人200円、高校・大学生100円、小・中学生50円　🅿 あり

📷 景勝地　エリア 笠利町　MAP P.89B1

笠 利 崎
かさりざき

奄美大島最北端の岬

用集落を抜けた一本道の終点。触れると願いをかなえてくれるカメのモニュメントがお出迎え。高台の灯台へは、細い階段を登ること10分。コバルトブルーの海をぐるりと見渡せる。

🚗 奄美空港から車で約25分　🅿 あり

📷 景勝地　エリア 笠利町　MAP P.89B1

蒲生崎観光公園
がもうざきかんこうこうえん

平家伝説の残る絶景展望台

壇ノ浦の戦いで敗れた平家軍が源氏の追っ手を恐れ、蒲生左衛門に遠見番をさせたことに由来。展望台からは東シナ海と笠利崎を一望できる。

🚗 奄美空港から車で約25分　🏠 奄美市笠利町大字屋仁　🅿 あり

📷 景勝地　エリア 笠利町　MAP P.89C2

あやまる岬観光公園
あやまるみさきかんこうこうえん

奄美十景の景勝地に観光案内所がオープン

ソテツの生い茂るジャングルと美しい海岸線を一望できる公園。カフェを併設した観光案内所があり、観光パンフレットや奄美みやげが手に入る。最新情報を仕入れに立ち寄ろう。

上／園内には遊具施設もある　左下／岬に立つ観光案内所　右下／休憩がてら情報をチェック

🚗 奄美空港から車で約10分。または🚌アヤマル岬から徒歩約5分　🏠 奄美市笠利町須野682　☎ (0997)63-8885　🕐 8:30～17:00(あやまる岬観光案内所)　🈂 なし　🅿 あり

📷 資料館　エリア 笠利町　MAP 折り込み② D1

鹿児島県奄美パーク
かごしまけんあまみぱーく

奄美の自然や歴史、文化を楽しく学ぶ

工夫を凝らした映像や展示で奄美について詳しくなれる「奄美の郷（さと）」、島の自然を描き続けた画家・田中一村の作品が集められた「田中一村記念美術館」、景色がきれいな展望台、ショップやレストランがある。

上／亜熱帯植物が茂る園内　左下／昔のシマの様子を再現　右下／展望台や「遊びの庭」など、無料で楽しめるエリアも

🚗 奄美空港から車で約5分。または🚌奄美パークからすぐ　🏠 奄美市笠利町節田1834　☎ (0997)55-2333（奄美の郷）、(0997)55-2635（田中一村記念美術館）　🕐 9:00～18:00(7・8月は～19:00)　🈂 第1・第3水曜(祝日の場合は翌日)　💰 大人630円、高校・大学生420円、小・中学生310円　🅿 あり　🔗 https://www.amamipark.com

---

 初めて奄美を訪れたなら「奄美パーク」は必訪。奄美の歴史や風俗などがわかりやすく魅力的に展示されています。特にシマ唄のコーナーは充実しており、映像を交えて鑑賞することができます。展望台だけなら無料で上がれます。（東京都／干し柿さん）

カフェ　エリア 笠利町　MAP 折り込み② D1

山田珈琲
やまだこーひー

自家焙煎の香り高いコーヒーをどうぞ

コーヒー豆とテイクアウトドリンクを提供。ハンドドリップで入れるドリップコーヒーやオリジナルカフェオレベースを使ったキビオレ480円が人気。

🚶 奄美空港から徒歩2分　🏠 奄美市笠利町和野 364-3
📞 なし　🕐 11:00 〜 17:00　😊 火〜木曜　営業時間は HP を確認
🅿 あり　URL https://yamadacoffee.net/

パニーニ　エリア 笠利町　MAP 折り込み② D1

PACE
ぱーちぇ

奄美の素材で作るパニーニが人気

奄美出身のご夫婦が営む店。自家製のパニーニはセットで 900 円。隣の鮮魚店はオーナーのお父さんの店。奄美産の魚が具材として登場することも。

🚶 奄美空港から車で約5分。🏠 笠寿園から徒歩約2分　🏠 奄美市笠利町節田 326-5　📞 090-6060-1852　🕐 10:30 〜 15:00（土曜は〜夕方）　😊 日・月曜　🅿 あり

創作料理　エリア 笠利町　MAP 折り込み② D1

多国籍料理　OHANA
たこくせきりょうり　おはな

オリジナリティあるランチが人気

ウッディで居心地のいい店。イカスミオムライス 1000 円、ハンバーグにデミグラスソースと目玉焼きがマッチするロコモコ 1200 円などはここだけの味。

🚶 奄美空港から車で約5分。🏠 笠寿園から徒歩約2分　🏠 奄美市笠利町節田 1664-1　📞 (0997)63-1063　🕐 11:30〜14:00　😊 不定休　🅿 あり

かき氷　エリア 笠利町　MAP 折り込み② C1

HOT PEPPER
ほっとぺっぱー

さわやかかき氷でリフレッシュ！

タンカン、スモモ、グアバなど奄美で取れるフルーツを使ったかき氷が各 600 円。タコス 900 円、ブリトー 900 円などの軽食も。

🚶 奄美空港から車で約17分　🏠 奄美市笠利町喜瀬 560-2　📞 (0997)63-2116　🕐 11:30 〜 18:00　😊 火曜、不定休　🅿 なし

ハンバーガー　エリア 笠利町　MAP 折り込み② C2

Kazbo Burger
かずぼ ばーがー

炭火で焼き上げた自家製パティが自慢

ばしゃ山村の隣、白いトレーラーハウスが目印。おすすめはダブルパティに卵などが入った Fat Daddy1980 円。注文を受けてから焼き上げるため、急ぐなら電話予約がスムーズだ。

上／炭火で焼き上げたパティは香ばしくジューシー　左下／白を基調にしたさわやかな店内　右下／テイクアウトも可

🚶 奄美空港から車で約10分。または🚌 ばしゃ山村下車徒歩約2分　🏠 奄美市笠利町用安フンニャ 1252-8　🕐 11:00〜16:00　📞 (0997)63-0115　😊 冬季不定休　🅿 あり　カード 可

パン　エリア 笠利町　MAP 折り込み② C1

晴れるベーカリー
はれるべーかりー

素材にこだわったぬくもり伝わるパン

「白神こだま酵母」「用安海岸の塩」「奄美諸島の島ざらめ」を使用するこだわりパン屋さん。カスタードがたっぷり入った人気のクリームパン 200 円はドリンクとともにテラスでどうぞ。

上／30 種類程度のパンが並ぶ　左下／テラスで味わうのも気持ちいい　右下／キューブ型のクリームパン

🚶 奄美空港から車で約10分。または🚌 ばしゃ山村から徒歩約3分　🏠 奄美市笠利町用安 1222-1　📞 (0997)63-2383　🕐 10:00 〜 17:00　😊 水・木曜　🅿 あり　カード 可

voice 奄美空港から車で北に5分ほど行くと宇宿貝塚がある。縄文時代から弥生時代の土器が出土した遺跡は発掘された状態のまま残されており、当時の暮らしの解説も受けられる。いまだ謎に包まれている古代の奄美の歴史に思いをはせてみては（入場料 200 円）。

🎁 ハブ製品　エリア 笠利町　MAP 折り込み② C1

原ハブ屋奄美
はらはぶやあまみ

ハブを加工したグッズがずらり勢揃い

　1948年創業、ハブの革や骨を独自に加工し、財布やアクセサリーなどを製造する専門ショップ。軽妙なトークでヘビを紹介する「ハブと愛まショー」は必見だ。

上/ハブを使った雑貨が豊富　左下/ショーは毎日11:00、14:00、16:00〜。大人800円（所要約30分）右下/雑貨も豊富に揃う

🚌 奄美空港から車で約8分。🚶 土浜から徒歩約9分　🏠 奄美市笠利町土浜1295-1　☎ (0997)63-1826　🕐 9:30〜18:00　休 不定休　🅿 あり

🎁 アパレル　エリア 笠利町　MAP 折り込み② D1

Sunny Days
さにー でいず

オリジナルTシャツが人気

　奄美のモチーフをデザインしたTシャツを中心に、ビンテージ古着やオーナーがセレクトしたアパレルが並ぶ。島外のファンも多く、毎年通うという常連も。

🚌 奄美空港から徒歩約2分　🏠 奄美市笠利町和野474　☎ なし　🕐 10:30〜18:00　休 水曜　🅿 あり　カード 可

🎁 おみやげ　エリア 笠利町　MAP P.89B2

まーぐん広場（奄美産マーケット）
まーぐんひろば あまみさんまーけっと

奄美群島のおみやげが揃う

　食堂や宿泊施設、高齢者施設などが集まるまーぐん広場。奄美産マーケットには奄美群島から選りすぐりのアイテムがそろい、おみやげ探しにぴったり。

🚌 奄美空港から車で約10分　🏠 奄美市笠利町大字里50-2　☎ (0997)63-1910　🕐 9:00〜18:00　休 なし　🅿 あり　カード 可

🎁 たこ焼き　エリア 笠利町　MAP 折り込み② C1

KAME G
かめ じー

島ダコとお好み焼きの専門店

　関西出身のオーナーが作るたこ焼きとお好み焼きの店。島ダコのたこ焼きは8個550円。お好み焼きは豚玉600円〜。電話予約しておくと待ち時間なく受け取れる。

🚌 奄美空港から車で約10分。🚶 ばしゃ山村から徒歩4分　🏠 奄美市笠利町用安1221　☎ 050-7117-9684　🕐 10:00〜17:00　休 月・火曜　🅿 あり

🏨 ホテル　エリア 笠利町　MAP 折り込み② C2

奄美リゾートばしゃ山村
あまみりぞーとばしゃやまむら

レジャー設備充実でファミリーにも人気

　ビーチに面したリゾートホテル。シングルから和室、コテージまで幅広い客室タイプを用意。美肌効果も期待できるミネラルたっぷりの海水風呂も楽しめる。

🚌 奄美空港から車で約10分。🚶 ばしゃ山村からすぐ　🏠 奄美市笠利町用安1246-1　☎ (0997)63-1178　💴 素8800円〜、朝9900円〜、朝夕1万3200円〜　客室数 31室　カード 可　🅿 あり

🏨 ホテル　エリア 笠利町　MAP P.89C2

奄美大島ホテルリゾートコーラルパームス
あまみおおしまほてるりぞーとこーらるぱーむす

人気のビーチに近い閑静なリゾートホテル

　奄美空港から車で5分、土盛海岸まで歩いて行ける静かな環境にあるホテル。全室海に面したテラスがあり、バラ色に海を染める朝焼けは感動もの。ホテル内では海鮮や郷土料理のレストランがあり、食事には困らない。

上/プールはGW〜10月末まで開放　左下/広々とした客室　右下/周囲に明かりが少ないため夜は満天の星

🚌 奄美空港から車で約5分。🚶 土盛から徒歩約5分　🏠 奄美市笠利町宇宿2520　☎ (0997)63-8111　💴 素8800円〜、朝夕1万3200円〜　客室数 35室　カード 可　🅿 あり　URL http://amami-coralparms.com

VOICE 米やイモを発酵させて作るミキは、奄美に昔から伝わる栄養ドリンク。「島とうふ屋」（→P.46）で料理を注文すると無料で飲めるのでぜひチャレンジしてみて。そのままで飲みづらければ、豆乳とハーフ＆ハーフにするとクセがやわらぎ飲みやすくなる。

龍郷町
たつごうちょう

大島紬の代表的な柄である「龍郷柄」「秋名バラ」発祥の町で、多くの工房がある。空港と名瀬を結ぶ幹線沿いにあり、飲食店、ショップ、ホテルなども多いエリア。

史跡　エリア 龍郷町　MAP P.89A2
西郷南洲流謫跡
さいごうなんしゅうるたくあと

西郷隆盛が奄美で過ごした住居跡

1859年、奄美に潜居した西郷隆盛が2年8ヵ月過ごした家。ここで愛加那と結婚し、ふたりの子をもうけた。現在は愛加那のご子孫によって一般公開されている。

奄美空港から車で約35分　龍郷町龍郷166　☎(0997)62-3368　時 10:00～16:30　休 水・火曜　料 大人200円、小・中学生100円　駐車場 なし

景勝地　エリア 龍郷町　MAP P.89A2
かがんばなトンネル
かがんばなとんねる

年に2回だけ龍が姿を現す

全長29mほどの短いトンネルは春分の日と秋分の日の前後数日間だけ、沈む夕日がトンネルに重なり、龍の目のように光り輝く。これを見るため前後数日は多くの見物客でにぎわう。

奄美空港から車で約25分　駐車場 なし

カフェ　エリア 龍郷町　MAP 折り込み② A2
SUNTOKU CAFE
さんとく かふぇ

香り高い自家焙煎コーヒーが味わえる

自家焙煎珈琲350円や、香ばしく焼き上げたジャークチキン950円などが人気メニュー。居心地のよい店内でくつろぐことができる。テイクアウト可。

奄美空港から車で約30分。戸口入口から徒歩約3分　龍郷町戸口785　☎090-5471-5636　時 11:30～17:30（L.O.16:30）　休 月曜

景勝地　エリア 龍郷町　MAP 折り込み② B2
2つの海が見える丘(加世間峠)
ふたつのうみがみえるおか(かせけんとうげ)

東シナ海、太平洋のふたつの海を一望

左側が東シナ海、右側が太平洋とふたつの海を望むポイント。最も距離の短い部分は赤尾木集落で、距離にしておよそ1km、徒歩で15分ほどだ。ビッグⅡからなら車で約10分。

奄美空港から車で約40分　駐車場 あり

スイーツ　エリア 龍郷町　MAP 折り込み② B1
それいゆふぁーむ
それいゆふぁーむ

ヤギミルクソフトが絶品の農園直営カフェ

自社牧場のヤギ乳を使用したヤギミルクソフトクリーム450円や、新鮮な果物のスムージー600円～が人気。園内ではヤギと触れ合える。

奄美空港から車で約15分。赤尾木から徒歩約8分　龍郷町赤尾木1346-1　☎(0997)69-4293　時 10:00～17:00　休 なし（11～2月は火曜）　駐車場 あり　カード 可

景勝地　エリア 龍郷町　MAP 折り込み② B1
ハートロック（ビラビーチ）
はーとろっく（びらびーち）

天然のハートを見に行こう

県道82号線沿いにある駐車場に車を停めてビーチに出ると奥のほうにいくつかの潮だまりがある。その中のひとつが見事なハート形。干潮時のみ現れるので、潮見表などで確認しよう。

奄美空港から車で約15分　駐車場 あり

ジェラート　エリア 龍郷町　MAP 折り込み② B1
La Fonte
ら ふぉんて

島の恵みが詰め込まれたジェラート

毎朝手作りするジェラート（ダブル500円）が常時10種類程度並ぶ。人気は黒糖やミルク、旬の時期にはタンカンやパッションフルーツなども。

奄美空港から車で約15分。赤尾木から徒歩約4分　龍郷町赤尾木1325-3　☎(0997)62-3935　時 11:00～17:00　休 火・木曜　駐車場 あり　カード 可

---

 voice 原ハブ屋は名瀬にも支店がある。場所はアーケードをセントラル楽器のほうに曲がってすぐ。ハブの展示や生態ショーはなくグッズ販売が中心。営業時間は9:30～19:00。住所は奄美市名瀬末広町1-16。

ダイニング　エリア 龍郷町　MAP 折り込み② B2

Green Hill Surf × Cafe
ぐりーんひる さーふ × かふぇ

緩やかな時間が流れるダイニングカフェ

島の素材を使った料理やスイーツが味わえるカフェ。おすすめは島豚のあぶりチーズのタコライスや島ザラメのガトーショコラなどが味わえる。

🚗 奄美空港から車で約15分。または❶大島紬村から徒歩約10分　🏠 龍郷町赤尾木1745-5　☎ (0997)62-3131　🕐 11:00～15:00(L.O.14:30)　休 木曜　駐車場 あり　カード あり

スーパーマーケット　エリア 龍郷町　MAP 折り込み② A2

ビッグⅡ
びっぐつー

おみやげから日用雑貨まで何でも揃う

奄美随一の規模を誇るスーパー。おみやげも豊富で、黒糖や味噌、黒糖焼酎でひととおりのものが揃う。日用品コーナーではハブ棒やハブ箱があり興味深い。

🚗 奄美空港から車で約30分。または❶ビッグⅡからすぐ　🏠 龍郷町中勝字奥間前580　☎ (0997)55 4100　🕐 10:00～20:00　休 不定休　駐車場 あり

カフェ　エリア 龍郷町　MAP 折り込み② A1

和風茶屋こっち
わふうぢゃやこっち

古民家風カフェでしっとり過ごす

センスのいい和のインテリアで落ち着ける。飛魚のすり身ハンバーグ定食1200円、日替わりの手作りケーキ480円など。鹿児島や宮崎の陶器も販売。

🚗 奄美空港から車で約30分　🏠 龍郷町瀬留466-3　☎ (0997)55-4885　🕐 11:30～L.O.18:00　休 火～木曜　駐車場 あり

スイーツ　エリア 龍郷町　MAP 折り込み② A2

こっこ家
こっこや

こだわりの卵を使ったスイーツが自慢

おいしいと評判の「みなみくんの卵」の直営店。卵本来の味が生きたこっこぷりん250円やシュークリーム、焼き菓子などのほか、卵、鶏肉も販売。

🚗 奄美空港から車で約25分。または❶中勝から徒歩約3分　🏠 龍郷町中勝2878-1　☎ (0997)62-5511　🕐 10:30～18:30　休 火曜　駐車場 あり

黒糖焼酎　エリア 龍郷町　MAP 折り込み② A1

浜千鳥館
はまちどりかん

工場直売の焼酎を手に入れる

浜千鳥乃詩に代表される奄美大島酒造隣接の直売店で、試飲しながら購入することができる。併設のレストランでは、鶏飯や豚骨料理が人気。

🚗 奄美空港から車で約20分。または❶愛寿園から徒歩約3分　🏠 龍郷町瀬留津ノ子原1435　☎ (0997)62-3778　🕐 11:00～15:00　休 水曜　カード 可　駐車場 あり

ホテル　エリア 龍郷町　MAP 折り込み② B1

プチリゾートネイティブシー奄美
ぷちりぞーとねいてぃぶしーあまみ

美しい海に囲まれた心づくしのプチホテル

笠利湾に突き出した半島の高台にあり、ぐるりと海を見渡せる。併設のレストランは自家農園の無農薬野菜を使った料理が好評。ダイビングサービスも併設。

🚗 奄美空港から車で約25分。または❶土浜から徒歩約10分　🏠 龍郷町芦徳835　☎ (0997)62-2385　💴 朝1万3878円～、朝夕2万2000円～　客室数 14室　カード 可　駐車場 あり　URL https://www.native-sea.com

---

特産品　エリア 龍郷町　MAP 折り込み② A2

Frasco
ふらすこ

奄美全域の厳選したアイテムを販売

大島紬の雑貨からジャム、ハチミツなどの食品まで、地元のアーティストや生産者から仕入れたセンスあふれるアイテムが並ぶ。おみやげ探しにおすすめ。

🚗 奄美空港から車で約30分。または❶大勝から徒歩3分　🏠 龍郷町大勝982　☎ (0997)69-4435　🕐 9:00～18:00　休 月・木曜　カード 可　駐車場 あり

ホテル　エリア 龍郷町　MAP 折り込み② B1

ホテルカレッタ奄美
ほてるかれったあまみ

大きなプールを囲むリゾートホテル

ツインからフォース、和室まであり、カップルからファミリーまで幅広い層に人気。大きなプールにはジャクージやキッズプールも併設しており、家族連れにも好評。

🚗 奄美空港から車で約15分。または❶赤尾木局前から徒歩約25分　🏠 龍郷町芦徳419-1　☎ (0997)62-3821　💴 素7150円～、朝8470円～　客室数 63室　カード 可　駐車場 あり

VOiCe< 2つの海が見える丘へはビッグⅡから戸口集落方面へ向かい、橋を左折、突き当たりを左へ行く道順がわかりやすい。駐車場といっても未舗装のスペースがあるのみだ。

奄美大島 南部

古仁屋・瀬戸内・宇検村・住用町・大和村

奄美最高峰の湯湾岳や広大なマングローブ原生林など、豊かな自然の中に、貴重な生物が暮らしている。

観る・遊ぶ

自然のなかに身を埋める開放感

南部の魅力はなんといっても豊かな自然だ。マングローブ原生林のカヌー、大島海峡のシーカヤックなど、遊びの舞台は手つかずの大自然。もちろん、ただひたすらビーチでのんびりしてもいい。夜には空一面に星が。日々の雑事を忘れる贅沢な時間が待っている。

買う

黒糖焼酎やタンカン、魚介類がおすすめ

酒造所見学が人気の開運酒造では、併設のショップで黒糖焼酎を販売。直営ならではの品揃えが自慢だ。瀬戸内町ではクロマグロや車海老の養殖が盛んで、冷凍品は宅配も OK。住用町や大和村の特産、タンカンは、ジュースなどの加工品なら通年手に入る。

食べる・飲む

食べ歩きが楽しめるのは古仁屋

南部最大の町、古仁屋では名瀬に次いで食べ歩きが楽しめる町。海に面しているので海鮮をメインにする店が多いが、特に特産として力を入れている養殖クロマグロや車海老はぜひ味わってみたい。

泊まる

ペンションや民宿がメイン

古仁屋にはいくつかビジネスタイプのホテルがあるが、そのほかはほぼ民宿かペンションになる。グループには、住用町の内海公園バンガローや、大和村のフォレストポリスなど、自炊タイプのコテージも人気だ。

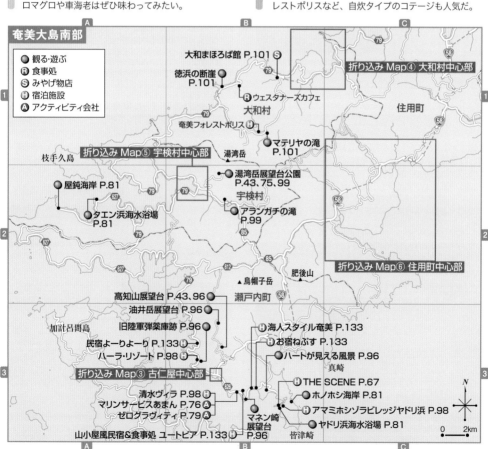

奄美大島南部

- ● 観る・遊ぶ
- Ⓡ 食事処
- Ⓢ みやげ物店
- Ⓗ 宿泊施設
- Ⓐ アクティビティ会社

大和まほろば館 P.101 Ⓢ
徳浜の断崖 P.101
Ⓡウェスタナーズカフェ
大和村
奄美フォレストポリスⒽ
マテリヤの滝 P.101
折り込み Map④ 大和村中心部
住用町
折り込み Map⑤ 宇検村中心部
湯湾岳
枝手久島
屋鈍海岸 P.81
湯湾岳展望台公園 P.43、75、99
宇検村
タエン浜海水浴場 P.81
アランガチの滝 P.99
折り込み Map⑥ 住用町中心部
肥後山
烏帽子岳
瀬戸内町
高知山展望台 P.43、96
油井岳展望台 P.96
旧陸軍弾薬庫跡 P.96
加計呂麻島
民宿よーりよーりⒽ P.133
ハーラ・リゾート P.98
折り込み Map③ 古仁屋中心部
Ⓗ海人スタイル奄美 P.133
Ⓗお宿ねぶす P.133
Ⓗハートが見える風景 P.96
真崎
ⒽTHE SCENE P.67
清水ヴィラ P.98 Ⓗ
マリンサービスあまん P.76 Ⓐ
ゼログラヴィティ P.79 Ⓐ
マネン崎展望台 P.96
Ⓗホノホシ海岸 P.81
Ⓗアマミホシゾラビレッジヤドリ浜 P.98
ヤドリ浜海水浴場 P.81
山小屋風民宿&食事処 ユートピア P.133
皆津崎
0   2km
N

voice 奄美大島を南北に貫く国道 58 号線の南部に唯一残っていた峠を回避する網野子バイパスが、2015 年 3 月に開通した。4.2km の網野子トンネルを含む 6.8km のバイパスが完成し、名瀬－古仁屋間が約 10 分の短縮になった。

95

古仁屋とその周辺

奄美第2の町、古仁屋は加計呂麻島、与路島、請島などの玄関口でもある港町。大島海峡でマリンスポーツを楽しんだら、新鮮な魚介類でおなかを満たそう。

📷 景勝地　[エリア] 瀬戸内町　[MAP] P.95B3

ハートが見える風景
はーとがみえるふうけい

カップルで見ると幸せになれるかも

　嘉鉄から蘇刈へ向かう県道626号線沿い。峠から嘉鉄のビーチを見下ろすと、ハート形の地形が現れる。カメラを置く台も用意されているので、ふたりで記念撮影をどうぞ。

🚗 せとうち海の駅から車で約15分　[駐車場] あり

📷 フェリーターミナル　[エリア] 古仁屋　[MAP] 折り込み③ A4

せとうち海の駅
せとうちうみのえき

レストランや観光案内所があるフェリー乗り場

　加計呂麻島へのフェリーや「マリンビューワーせと」の待合所のほか、海鮮レストランやキッズスペース、観光案内所などがある。

🚗 奄美空港から車で約2時間。
❶ せとうち海の駅からすぐ
🏠 瀬戸内町古仁屋字大湊 26-14　📞 (0997)72-4626
⏰ 6:30〜19:00　🈺 なし　[駐車場] あり

📷 展望台　[エリア] 瀬戸内町　[MAP] P.95B3

マネン崎展望台
まねんざきてんぼうだい

刻一刻と表情を変える景色を堪能

　古仁屋からヤドリ浜へ向かう途中にある展望台。大島海峡と太平洋を結ぶ入口の部分にあり、干潮時には大小の渦が見られることも。向かいに横たわるのは加計呂麻島だ。

🚗 せとうち海の駅から車で約10分　[駐車場] あり

📷 展望台　[エリア] 瀬戸内町　[MAP] P.95B3

高知山展望台・油井岳展望台
こうちやまてんぼうだい・ゆいだけてんぼうだい

入江と小島が織り成す海峡の景色を一望

　古仁屋市街地の背後にある標高415mの高知山展望台。4階建ての展望台の最上階に上ると、大島海峡とその先に浮かぶ加計呂麻島まで見渡すことができる。高知山展望台からさらに2kmほど上ると油井岳展望台が。駐車場に隣接した公園から望む大島海峡に沈む夕日が美しい。

上／風光明媚な高知山展望台　左下／油井岳展望台からの夕日　右下／高知山展望台は駐車場から山道を歩く。夕暮れ後は真っ暗になるので注意

🚗 せとうち海の駅から車で約20分　[駐車場] あり

📷 史跡　[エリア] 瀬戸内町　[MAP] P95B3

旧陸軍弾薬庫跡
きゅうりくぐんだんやくこあと

密かに眠る弾薬庫の跡

　昭和7年に完成した、海towards空軍の弾薬庫。内部は厚いコンクリートで固められ、湿気防止のため二重構造になっており、弾薬庫としては日本有数の設備を誇ったといわれている。

🚗 せとうち海の駅から車で約10分　[駐車場] あり

🍚 島料理　[エリア] 古仁屋　[MAP] 折り込み③ A2

ちゃんこ居酒屋　神鷹
ちゃんこいざかや　かみたか

その名の通り元力士が腕を振るう

　イチオシは具だくさんのちゃんこ鍋 2200円〜（2人前より注文可）。一品料理も多彩で、イカ納豆丼1320円やきび酢を使ったチキン南蛮550円が絶品。

🚗 せとうち海の駅から徒歩約5分　🏠 瀬戸内町古仁屋字大湊 8-14　📞 (0997)72-1919
⏰ 11:00〜14:00、18:00〜22:00　🈺 不定休　[駐車場] あり

---

voice 瀬戸内町には多くの戦争遺跡が残る。古仁屋には「奄美大島要塞指令部」がおかれ、跡地の古仁屋高校正門横には石碑が立っている。また、西古見には洋上を監視するための「掩蓋式観測所」が、久慈には軍艦や輸送艦へ給水作業を行う「旧海軍給水施設」が残る。

🍖 肉料理　エリア 古仁屋　MAP 折り込み③ B3

肉バル RIB
にくばる りぶ

肉料理とお酒が楽しめるダイニング

　ランチはセットメニューをメインに、夜は一品料理とお酒が楽しめる。人気は自家製ハンバーグ1000円。島豚100%のパティに加計呂麻島のきび酢と黒糖のソースがベストマッチ。

上／ランチタイムにはご飯とスープが付く　左下／ティータイムはケーキなどが味わえる　右下／地産地消を心がける

🚌 せとうち海の駅から徒歩約5分　🏠 瀬戸内町古仁屋松江 6-7　☎ (0997)76-3970　🕐 11:00〜14:00 (L.O.13:15)、17:30〜21:00 (L.O.20:00)　休 水・日曜、祝日　カード 可　駐車場 なし

🍖 クレープ　エリア 古仁屋　MAP 折り込み③ C4

LUANA crepe
るあな くれーぷ

島の果物を使用したクレープ専門店

　奄美産の黒糖を使用したもちもちの生地で、たっぷりのクリームと具を包んだクレープが人気。メニューは日替わりで4種類程度。コーヒーゼリーホイップやクリームチーズはちみつナッツほか、グアバや島バナナなどの季節のフルーツも登場。

上／イートインも可能　左下／定休日はインスタグラム (idluana_crepe) をチェックして　右下／ミックスベリーホイップ600円

🚌 せとうち海の駅から徒歩約10分　🏠 瀬戸内町古仁屋船津 32-4　🕐 13:00〜18:00 (土・日曜、祝日は12:00〜)　休 火・金曜　駐車場 あり

🎤 ライブハウス　エリア 古仁屋　MAP 折り込み③ B3

JUICE
じゅーす

古仁屋で深夜まで楽しめるライブハウス

　古仁屋でもライブを楽しめる場所を、とオープン。毎週水曜日にライブが催される。古仁屋のカルチャーの発信地的存在。

🚌 せとうち海の駅から徒歩約6分。または ❶郵便局前から徒歩約2分　🏠 瀬戸内町古仁屋春日 5-1　☎ (0997)72-4814　🕐 18:00〜翌1:00 (土曜〜3:00)　休 月曜　駐車場 なし

🏛 スイーツ　エリア 古仁屋　MAP 折り込み③ B2

田原製菓
たはらせいか

昼過ぎには売り切れる人気のかりんとう

　加計呂麻島の黒糖を使った黒糖かりんとう500円〜のみを製造販売。昔ながらの製法で作るため大量生産ができず、売り切れ次第閉店する。

🚌 せとうち海の駅から徒歩約10分　🏠 瀬戸内町古仁屋松江 12-8　☎ (0997)72-0654　🕐 12:00〜14:00 (売り切れ次第)　休 日曜　駐車場 なし

🎁 真珠　エリア 古仁屋　MAP 折り込み③ C4

奄美パール
あまみぱーる

100年以上の歴史をもつ奄美パールを手に入れて

　奄美の真珠養殖の歴史は古く、かつては大手真珠会社にパールを卸していたことも。奄美大島産のマベパールは金色が特徴。奄美の海が育んだ美しい真珠を記念にいかが?

上／ネックレス、指輪、ピアスなどが並ぶショールーム　左下／国道沿いの白い建物が目印　右下／ゴールドパールネックレスは17万7660円

🚌 せとうち海の駅から車で約5分　🏠 瀬戸内町古仁屋 1054-6　☎ (0997)76-3303　🕐 10:00〜18:00　休 水曜　カード 可　駐車場 あり

黒糖焼酎 ｜ エリア 古仁屋 ｜ MAP 折り込み③ A3

瀬戸内酒販
せとうちしゅはん

幻の黒糖焼酎、厳選国産ワインなどがずらり

店頭に並ぶだけで100種類以上、セラーにはさらに多くの黒糖焼酎が眠る。焼酎を知り尽くした店主に相談すれば、運命の1本と出合えるかもしれない。ワインや輸入食材、おみやげなども手に入る。

上／お酒のほか、輸入食材、焼酎蔵のグッズも販売　左下／移転し数倍の広さになった　右下／長雲の大古酒20年は1万800円。もはや別次元の味わい

🚌 せとうち海の駅から徒歩約3分　🏠 瀬戸内町古仁屋大湊3
☎ (0997)72-0818　🕐 10:00～20:00　休 火曜　🅿 あり

ホテル ｜ エリア 古仁屋 ｜ MAP P.95B3

アマミホシゾラビレッジ ヤドリ浜
あまみほしぞらびれっじ やどりはま

島最南端に位置するトレーラーハウス

全室ロフトタイプで最大4名まで宿泊可能。バス・トイレのほか、電子レンジも完備している。周囲に食堂はないので食料を持ち込もう。

🚌 せとうち海の駅から車で約20分　🏠 瀬戸内町大字蘇刈
☎ (0997)63-8160　💴 素6000円～　客室数 5室　🅿 あり

ホテル ｜ エリア 古仁屋 ｜ MAP 折り込み③ B2

ライベストイン奄美
らいべすといんあまみ

古仁屋市街にある快適なホテル

リニューアルオープンし、広々とした客室とバスルームが好評。ダイビング機材の洗い場があるのでダイバーもOK。無料の朝食もうれしい。館内には奄美戦史模型資料館も。

🚌 せとうち海の駅から徒歩約5分　🏠 瀬戸内町古仁屋松江10-21
☎ (0997)72-0815　💴 素7150円～　客室数 23室　🅿 あり
🌐 http://libest-amami.com/

ペンション ｜ エリア 瀬戸内町 ｜ MAP P.95B3

ハーラ・リゾート
はーら・りぞーと

木のぬくもりを感じる静かな客室

古仁屋から車で約5分。静かな集落にあるペンション。3室の客室は、1階がリビング、2階が寝室になったロフトタイプ。庭にはタコノキやヒカゲヘゴなどが植えられ、自然に囲まれた環境。のんびりと心癒やされる宿だ。ダイビングサービスを併設しており、南部の海を楽しみたい人にも人気。

上／海側の客室からは夕日や海の景色が楽しめる　左下／日中はカフェもオープン　右下／オプションの朝食は和食と洋食から選べる

🚌 せとうち海の駅から車で約5分　🏠 瀬戸内町手安470
☎ (0997)72-1615　💴 素8800円～　客室数 3室　🅿 あり
🌐 http://kyorajima.com

ペンション ｜ エリア 瀬戸内町 ｜ MAP P.95B3

清水ヴィラ
せいずいう゛ぃら

海を望むバリアフリーの宿泊施設

障がい者用ダイビング・インストラクターが在籍し、車椅子の方でも海の世界を体験できるマリンスポーツ施設「ゼロ・グラヴィティ」に併設の宿泊施設。客室やバスルームも配慮がされているので、友人や家族同士安心して宿泊ができる。スノーケリング、シーカヤックなども体験可能だ。

上／プールはダイビングやスノーケリングの講習が可能　左下／海の中にいるようなカラフルで楽しい室内　右下／バリアフリーのバスルーム

🚌 せとうち海の駅から車で約10分　🏠 瀬戸内町清水122
☎ (0997)76-3901　💴 素7500円～、朝food 1万6500円～
客室数 4室　🅿 あり　🌐 http://zerogravity.jp

VOICE 近畿大学が養殖に成功したクロマグロ。瀬戸内町には養殖場が多く、なんとクロマグロの養殖日本一だとか。日本一にちなんで、瀬戸内町のご当地キャラはまぐろ養一（養殖日本一の略）と名づけられたそう。瀬戸内町で探してみて。

宇検村
うけんそん

湯湾岳の麓に位置する、奄美大島のなかでも特に秘境ムード漂うエリア。深く切り込んだ焼内湾の両端には、静寂で美しいビーチが点在する。

滝　　エリア 宇検村　　MAP P.95B2
アランガチの滝
あらんがちのたき

さわやかなしぶきを肌で感じて

　湯湾岳を源流とする落差30mほどの滝。かつては地元の人々の飲用水として使われており、清らかな水が滝つぼを満たす。滝のすぐ近くまで車で行けるアクセスのよさも魅力。

🚗 せとうち海の駅から車で約1時間　🏠 宇検村石良新小勝　🅿 あり

展望台　　エリア 宇検村　　MAP P.95B2
湯湾岳展望台公園
ゆわんだけてんぼうだいこうえん

湯湾岳の登山口にある展望台

　奄美最高峰の湯湾岳の麓にある展望台。駐車場から山道5分ほどの所にある展望塔からは、湯湾岳方面には希少な固有種の生物が生息する原生林が、宇検村側には焼内湾の絶景を見ることができる。入江に夕日が沈む春分と秋分の日前後の夕暮れは、特に神秘的な美しさに包まれる。

上／焼内湾の見事な眺望　左下／展望塔からは360度の展望が　右下／展望塔までは山道を5分ほど歩く

🚗 せとうち海の駅から車で約1時間　🅿 あり

島料理　　エリア 宇検村　　MAP 折り込み⑤ B2
宇検食堂
うけんしょくどう

地の食材にこだわった体に優しい郷土料理

　地元の食材のうま味を生かし、飽きのこないシンプルなおいしさがシェフのモットー。開運酒造の焼酎で煮た豚骨や宇検村産の車海老の天ぷらなど、ここだけの味を楽しんで。

左／島の味が楽しめる　上／鶏飯1300円のスープはいつでもアツアツ　下／宿泊者でなくても利用できる

🚗 名瀬から車で約1時間。または❶やけうちの宿内　🏠 宇検村湯湾 大湯浜 2937-86　📞 (0997)56-5656　🕐 11:30〜14:00、17:00〜21:00　🈡 火曜（祝日の場合営業）　🅿 あり　💳 可

島食材　　エリア 宇検村　　MAP 折り込み⑤ B2
ケンムンの館
けんむんのやかた

作り手の顔が見える、心あたたまる品々

　2022年にオープンした交流施設。四季折々の野菜や果物、魚介類やお総菜、ケーキなど、宇検村のおじいやおばあが丹精込めて作った商品が並ぶ。

🚗 名瀬港から車で約1時間。または❶やけうちの里からすぐ　🏠 宇検村湯湾 2937-81　📞 (0997)67-2919　🕐 10:00〜18:00　🈡 なし　🅿 あり

黒糖焼酎　　エリア 宇検村　　MAP 折り込み⑤ B2
奄美大島開運酒造
あまみおおしまかいうんしゅぞう

ブルーの瓶でおなじみの黒糖焼酎

　海を連想させるボトルと、音響熟成というユニークな手法で注目を集める黒糖焼酎「れんと」の醸造所。併設の工場は見学も可。

🚗 名瀬港から車で約1時間。または❶湯湾から徒歩約10分　🏠 宇検村湯湾 2924-2　📞 (0997)67-2753（工場見学は P.52参照）　🕐 9:00〜16:00　🈡 不定休　🅿 あり

---

voice 宇検村役場の敷地内にはハブの観賞小屋がある。無料なのでぜひのぞいてみては？　また、すぐ裏の役場の入口には「ハブの呼び鈴」と書かれた呼び出しベルがある。これはハブを捕まえた人が、役場にハブ持ち込む際に使うものだ。

開運の郷　やけうちの宿

コテージ | **エリア** 宇検村 | **MAP** 折り込み⑤ B2

かいうんのさと　やけうちのやど

設備充実のコテージとリーズナブルなホテル棟

　サネン、クロトンなど奄美の植物の名がつけられた全5棟のコテージは各45m²と広々。バス・トイレ、簡易キッチン、洗濯機完備で快適な滞在が可能だ。併設のきょらむん館はホテルタイプとなっており、リーズナブルに滞在できる。こちらには3名まで泊まれる洋室が6室ある。

上／コテージはファミリーでの滞在にも最適　左下／緑の中にあり気持ちいい　右下／きょらむん館はひとり旅やビジネスに

🚌 名瀬港から車で約1時間　🏠 宇検村湯湾大潟浜 2937-86
☎ (0997)56-5656　💴 朝 8668円～、朝 1万 1198 円～
🛏 13室　🅿 あり　**URL** https://www.yakeuchinoyado.jp

住用町
すみ よう ちょう

名瀬と古仁屋の中間に位置する町。見所は住用川の河口に広がるマングローブ林。国内第2位の広さを誇る森をカヌーで探検することができる。

三太郎の里

特産品 | **エリア** 住用町 | **MAP** 折り込み⑥ B1

さんたろうのさと

住用町特産のタンカン製品が豊富

　観光案内所と特産品直売所、休憩スペースなどを備える観光交流施設。特産品のタンカンジュースやジャム、農産物などが並ぶ。タンカンソフトも美味。

🚌 名瀬港から車で約30分。
🚏 東城からすぐ　🏠 奄美市住用町摺勝 555-13　☎ (0997)69-5077
🕐 9:00～18:00　休 なし　🅿 あり

黒潮の森　マングローブパーク

道の駅・体験施設 | **エリア** 住用町 | **MAP** 折り込み⑥ A2

くろしおのもり　まんぐろーぶぱーく

広大なマングローブ原生林への入口

　住用川の河口部、マングローブ原生林に隣接する施設。無料ゾーンと有料ゾーンがあり、有料ゾーンにはマングローブの生態系や生息する生き物についての資料館、グラウンドゴルフのできるガーデンがある（レンタル代別途）。1日5回、マングローブカヌーツアーを実施。所要1時間ほどの気軽なツアーなので、小さな子供連れでも楽しめる。遊歩道を進むと展望台があり、ここから望む住用川の河口に広がる広大なマングローブ原生林の眺めがすばらしい。

1 カヌーでマングローブのトンネルへ **2** カヌー乗り場は施設に併設 **3** 展示館では干潟の生き物の生態などを展示 **4** 広大なマングローブ原生林 **5** カヌーにはガイドが付くので安心だ

🚌 名瀬港から車で約40分。または🚏マングローブパーク前からすぐ　🏠 奄美市住用町石原 478　☎ (0997)56-3355　🕐 9:30～18:00（入園は～17:30）　休 なし　💴 入園料 500円（グラウンドゴルフ込み）、カヌーツアー（1時間）2000円　🅿 あり　**URL** https://www.mangrovepark.com

---

voice 住用町での食事なら「奄美薬膳 つむぎ庵」（→ P.47）へ。長命草、シマ桑、シマアザミなどの奄美の健康食材を使ったそばや、自家農園で栽培された無農薬野菜を使った定食が人気。場所はマングローブパークから古仁屋方面へ車で3分ほど。

大和村
やまとそん

奄美大島の西海岸に連なる 11 の集落をもつ村。東シナ海を望む海岸ルートのドライブは爽快そのもの。特産のスモモとタンカンも味わいたい。

📷 景勝地　エリア 大和村　MAP P.95B1

徳浜の断崖
どくばまのだんがい

突如現れる垂直にそそり立つ絶壁

　大和村の戸円から名音へ向かうと、突如巨大な壁が現れ、道路はその中央を貫くトンネルへと続く。この断崖は、約 800 年前の大地震でできたといわれ、高さは約170 m。迫力満点の光景だ。

🚗 名瀬港から車で約50分　🅿 あり

📷 滝　エリア 大和村　MAP P.95B1

マテリヤの滝
まてりやのたき

うっそうとした森の中に流れ落ちる美しい滝

　大和村から湯湾岳に向かう山中にある滝。フォレストポリスの手前にあり、駐車場から遊歩道を歩いて滝つぼまで行くことができる。深い森の中にあるがここだけ光が差し込み神秘的だ。

🚗 名瀬港から車で約1時間10分　🅿 あり

📷 展望台　エリア 大和村　MAP 折り込み④ B1

国直サンセットパーク
くになおさんせっとぱーく

東シナ海に沈む夕日が見事

　奄美大島の東シナ海側の県道は、サンセットラインと呼ばれ、爽快なドライブが楽しめる。ここは国直集落を見下ろす場所にあり、宮古崎や浦内湾が見渡せ、休憩にぴったり。

🚗 名瀬港から車で約30分　🅿 あり

📷 資料館　エリア 大和村　MAP 折り込み④ A2

奄美野生生物保護センター
あまみやせいせいぶつごせんたー

五感を使って楽しく奄美の自然を学ぼう

　生態系の保護を目的に作られた環境省の施設。奄美群島の成り立ちや、そこに暮らす動植物についてタッチパネル式の図鑑や音を使った解説で楽しく学ぶことができる。

🚗 名瀬港から車で約50分　🏠 大和村思勝 551　☎ (0997)55-8620　🕐 9:30 ～ 16:30　🈺 月曜(祝日の場合開館)　💴 無料　🅿 あり

📷 景勝地　エリア 大和村　MAP 折り込み④ B1

フクギ並木
ふくぎなみき

フクギが揺れるのどかな集落を散歩

　大和村の国直集落にあるフクギ並木。フクギは島言葉で、クッジハギ＝火事場木とも呼ばれ、防風林・防潮林としてだけでなく、火事の延焼を防ぐ目的でも植えられたという。

🚗 名瀬港から車で約40分

🍵 カフェ　エリア 大和村　MAP 折り込み④ B1

喫茶・草木染め　てるぼーず
きっさ・くさきぞめ　てるぼーず

自家農園のハーブティーでリラックス

　国直海岸に面して立つ、草木染めの工房兼カフェ。自家農園で取れたレモングラスを使ったハーブティーは 400 円。草木染めの体験もできる。

🚗 名瀬港から車で約40分。または ➊国直から徒歩約3分　🏠 大和村国直 73　☎ (0997)55-8070　🕐 9:00 ～日没まで　🈺 不定休　🅿 あり

🎁 特産品　エリア 大和村　MAP P.95B1

大和まほろば館
やまとまほろばかん

大和村の特産品が揃う

　大和村で取れた野菜や果物、ジャムやお茶などの加工品、民芸品などが手に入る。売店では、スモモやタンカンのソフトクリームやかき氷を販売。

🚗 名瀬港から車で約40分　🏠 大和村大棚 49　☎ (0997)57-2980　🕐 9:00 ～ 17:00　🈺 なし　🅿 あり

---

voice 大和村戸円の道路沿いに、ひときわ目立つコンテナハウスがある。カウボーイ姿のご主人と奥様が営む「ウェスタナーズカフェ」だ。名物はスパイシーなカレー。周辺には飲食店が少ないので重宝する。

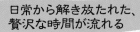

日常から解き放たれた、
贅沢な時間が流れる

加計呂麻島 NAVI

（かけろまじま）

奄美大島南部の古仁屋の対岸に浮かぶ加計呂麻島。島にはスーパーや大型ホテルはなく、ただただ静かな時間が流れる。美しいビーチでまどろんだり、無人島で遊ぶツアーに参加して自然のなかでのんびりくつろぐのが島での正しい過ごし方だ。

実久ビーチ
抜群の透明度を誇るビーチ。

島で～た

面 積	77.25km²
海岸線	147.5km
最高標高	326m（加計呂麻岳）
人 口	1064 人
	（2022 年）

加計呂麻島への行き方

古仁屋港からフェリーで約15分。加計呂麻島には瀬相港と生間港があり、それぞれ1日3～4便。旅客のみが乗れる海上タクシーもあり、6時台から21時まで1時間に約1本運航している。
→時刻表は P.131 へ

左／古仁屋港を結ぶフェリー　右／海上タクシーは本数が多い

西阿室集落
（にしあむろしゅうらく）
夕日の美しい小さな集落。

島内の移動

レンタカー
島内はレンタカーが便利。奄美大島からレンタカーを持ち込む場合、フェリーは事前に予約を。加計呂麻島で借りる場合も、台数が少ないので予約必須。

＜瀬相港＞
加計呂麻レンタカー
（0997）75-0427
うみがめレンタカー
090-9729-3654
＜生間港＞
イキンマレンタカー
（0997）76-0202

バス
フェリーの発着に合わせて各集落をつなぐ加計呂麻バスが運行。本数が少ないため、時刻は要確認。
加計呂麻バス
URL https://kakeroma-bus.com/

集落を結ぶ島民の足

地図上の地名・施設

芝海水浴場
デリキョンマ崎
実久ビーチ P.107
高鉢山 ▲299
実久三次郎神社 P.105
実久
614
65
レンタルハウス・マリンビレッジ P.133
紫微鸞駕 P.133
平良々崎
小場
弓師岳 319▲
瀬武
実久郵便局
614
薩川湾
赤崎
武名のガジュマル P.105
武名
阿多地
伝泊 海みる屋根の宿 P.63
須子茂
三浦
かけろまの森 marsa P.49
嘉入山 ▲299
モン崎
嘉入
614
ゲストハウス kamudy P.133
嘉入の滝 P.105
いっちゃむん市場 P.107
たづき P.107
瀬相
瀬相港
西阿室集落 P.106
旧海軍司令部跡 P.105
西阿室
西阿室の教会
伝泊 素と露天の宿 P.63
於斉
Holiday Cottage BANSHIRO P.63
於斉のガジュマル P.105
お食事処もっか P.106
伊子茂
大瀬崎
加崎岳 ▲326
風崎

安全を守ります！

伊子茂まもる君

気になる
ベーシックインフォメーション Q&A

Q 島内の移動手段は?

A レンタカーかバスで

瀬相港、生間港にそれぞれレンタカー会社があるので予約しておこう。車を持ち込む場合はフェリーを利用。バスは瀬相港、生間港を中心に集落を結んでいるが、本数は少ない。起伏があるので長距離の自転車移動は向いていない。

Q どんな宿がある?

A 民宿や一棟貸しの宿がある

島に大型ホテルはない。民宿やペンション、一棟貸しの宿などがメイン。飲食店はごくわずかなので、2食付きが基本だ。自炊をする場合は、食材を古仁屋から持ち込もう。島にスーパーはなく、商店は必要最小限のものしかないと思おう。

Q おみやげはどこで買う?

A 市場や体験交流館で

島のおみやげが揃うのは、瀬相港の「いっちゃむん市場」か諸鈍の「展示・体験交流館」の売店など。島の塩、黒糖、きび酢、ジャム、お茶などが手に入る。支払いは現金決済がメインだが、QRコード決済が使えるところも増えてきた。

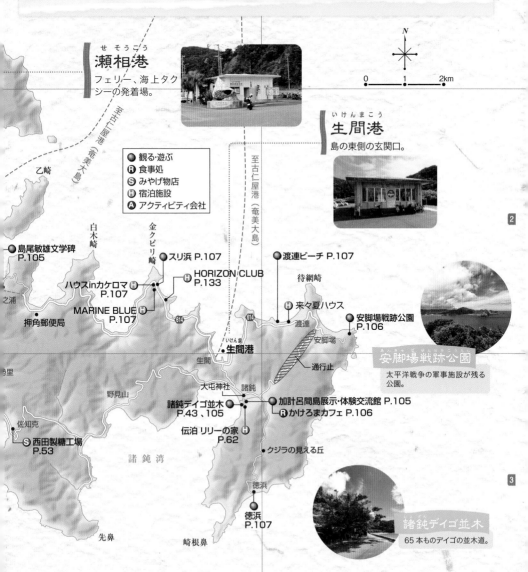

瀬相港 (せそうこう)
フェリー、海上タクシーの発着場。

生間港 (いけんまこう)
島の東側の玄関口。

- 🔵 観る・遊ぶ
- 🔴 食事処
- 🟢 みやげ物店
- 🟡 宿泊施設
- 🔴 アクティビティ会社

0 1 2km

N

至古仁屋港（奄美大島）

乙崎

白木崎

島尾敏雄文学碑 P.105

金クビリ崎

スリ浜 P.107

HORIZON CLUB P.133

渡連ビーチ P.107

待網崎

来々夏ハウス

安脚場戦跡公園 P.106

ハウスinカケロマ P.107

MARINE BLUE P.107

押角郵便局

614

渡連

安脚場

生間港

いけんま

生間

通行止

安脚場戦跡公園
太平洋戦争の軍事施設が残る公園。

野見山

大屯神社

諸鈍

諸鈍デイゴ並木 P.43、105

加計呂間島展示・体験交流館 P.105

かけろまカフェ P.106

佐知克

西田製糖工場 P.53

伝泊 リリーの家 P.62

クジラの見える丘

諸鈍湾

徳浜

徳浜 P.107

先鼻

崎根鼻

諸鈍デイゴ並木
65本ものデイゴの並木道。

きれいな海で
めいっぱい
遊んでもらうよ

海が透明で
とってもキレイ！

神秘的な青い光に包まれる

青の洞窟&
無人島探検ツアー

うみガメ隊
法信 知己さん
(ほしな ちき)

加計呂麻島の澄んだ海を縦横無尽に満喫

うみガメ隊の1日ツアーでは、加計呂麻島の魅力的なポイントを知り尽くしているガイドが、参加者の様子、当日の天候や潮汐などを見ながら最適なコースで案内してくれる。目玉はもちろん"青の洞窟"探検だ。島の周辺をくまなく調査し、見つけた青の洞窟はなんと16ヵ所以上。海況に応じてポイントが選べるので、青に染まる洞窟が見られるチャンスも高くなる。コースは初級から上級まであり、スノーケリングスキルや経験によって訪れるポイントを変えてくれる。泳ぎが不安ならばサポートしてくれるので事前に伝えておこう。

もっと知っ知りたい！
青の洞窟のメカニズム

天候や潮汐、光の加減がベストな状態になったとき、外から入る太陽光のうち青色の光だけが海底の白砂に反射して、洞窟全体を満たすのだ。

ドローンなどを駆使してオリジナルポイントを多数開発している

海岸ギリギリまで接近できるのがシーカヤックの魅力

この世のものとは思えない美しい色合いにため息

うみガメ隊 [集合] 古仁屋港、生間港集合 [所要] 約7時間 [料] 1万5000円〜
[電] 090-4858-8189（19：00以降がつながりやすい） [休] 荒天時
[駐車場] なし [予約] 前日までに必要 [URL] https://www.umigametai.com

スケジュール（ある日の一例）

所要時間 約7時間	体力レベル

10:00 まずは軽くカヤックの練習

最初にビーチでパドルの扱い方を練習してから漕ぎ出す。カヤックは水との一体感が魅力。少し沖に出るとサンゴや魚がいっぱい。

初心者でも練習すれば大丈夫

10:30 ポイントを巡り洞窟入口に到着

いざ、青の洞窟へ。途中、巨大なガジュマルの木などとっておきのスポットを巡りつつ洞窟入口へ。海況を見ながら中へ！

波が高ければ、別の洞窟に案内してくれる

11:00 青い光に満たされた洞窟を探検

洞窟が青く染まる奇跡の瞬間を見計らって。波が激しいこともあるので気をつけつつ、スノーケリングやカヤックを楽しもう。

神秘的な光景にうっとり！

12:30 無人島に上陸してランチタイム

ボートで無人島に移動し、配られたお弁当を食べる。外で食べるごはんのおいしいこと！ ごはんのあとは、無人島探検に出発！

透明度抜群の海でぷかぷか浮かぼう

14:00 サンゴのきれいな海でスノーケリング

しっかり休んだら、スノーケリングタイム。色とりどりの魚に感動！ その後、陸路からアクセスできないビーチまで足を延ばして、16:00頃終了。

サンゴの群生ポイントでスノーケリングタイム♪

voice 島でのアウトドアアクティビティは、ハードだと感じることも。もし少しきつい、怖いな、と感じたら、無理せずすぐにガイドに伝えよう。参加者の体力レベルに応じてコースを変更したり、サポートしてくれる。

📷 木　　エリア 諸鈍　MAP P.103C3

諸鈍デイゴ並木
しょどんでいごなみき

海を見守るデイゴ並木

諸鈍集落の海岸沿いには樹齢300年以上のデイゴの木が65本以上立ち並んでいて壮観だ。琉球交易の目印に植えたともいわれている。5月下旬から6月上旬には鮮やかな朱色の花が咲く。

🚗 生間港から車で約5分　🅿 あり

📷 滝　　エリア 嘉入　MAP P102B2

嘉入の滝
かにゅうのたき

清涼な滝に癒やされる

地元の言葉ではウティリミズヌ滝と呼ばれ、古くはノロ（女性祭司）が身を清める場所だったという。落差15mの滝は水しぶきを立てて落ち、すがすがしい空気に包まれている。

🚗 瀬相港から車で約25分　🅿 あり

📷 木　　エリア 瀬相　MAP P.102B2

於斉のガジュマル
おさいのがじゅまる

『男はつらいよ』に登場した名場面

加計呂麻島は映画寅さんシリーズ『男はつらいよ寅次郎紅の花』（1995年）の舞台。ロケ地は風光明媚なところが多く、海の近くにそびえるこのガジュマルもそのひとつ。

🚗 瀬相港から車で約10分　🅿 あり

📷 碑　　エリア 瀬相　MAP P.103C2

島尾敏雄文学碑
しまおとしおぶんがくひ

作家の生涯に思いをはせる

小説『死の棘』などで知られる作家、島尾敏雄は第2次世界大戦中、特攻隊長としてこの地に駐屯しているときに、後に妻となる大平ミホと出会った。碑の奥には妻子の墓碑がある。

🚗 瀬相港から車で約10分　🅿 あり

📷 木　　エリア 武名　MAP P.102B2

武名のガジュマル
たけなのがじゅまる

迫力の巨大ガジュマル

武名の集落から山のほうに細い道を入ったところにある大きなガジュマル。大きく広げた枝は空を隠し、神秘的な雰囲気を漂わせる。奄美にすむ妖怪、ケンムンのすみかともいわれる。

🚗 瀬相港から車で約15分　🅿 あり

📷 史跡　　エリア 瀬相　MAP P.102B2

旧海軍司令部跡
きゅうかいぐんしれいぶあと

森に潜む、日本海軍の司令塔

瀬相港から海に向かい右手の岬の林の中に、旧海軍の司令部が残されている。戦闘指揮所があるのは地下の部屋。今はがらんどうだが当時は通信機器などがあったという。

🚗 瀬相港から徒歩約10分　🅿 なし

📷 神社　　エリア 実久　MAP P.102A1

実久三次郎神社
さねくさんじろうじんじゃ

豪傑の大きな足跡が残る

保元の乱に敗れて伊豆大島に流された源為朝には、南下して琉球に渡ったという伝説がある。この神社に祀られているのは為朝の長男、実久三次郎。手形と足形が残されておりその大きさに驚く。

🚗 瀬相港から車で約45分　🅿 なし

📷 交流館　　エリア 諸鈍　MAP P.103C3

加計呂麻島展示・体験交流館
かけろまじまてんじ・たいけんこうりゅうかん

島の情報発信地

カフェや売店、Eバイクレンタルを行う施設。展示施設では加計呂麻島の暮らしやノロの衣装などを展示。売店では加計呂麻島の特産品や夜光貝磨きのキットなどを販売。

🚗 生間港から車で約20分　🏠 瀬戸内町諸鈍316　📞 (0997) 76-0676　🕐 9:00～17:00　展示室は300円　🅿 あり

Voice　加計呂麻島にはスーパーはない。代わりに活躍するのが島の商店。瀬相港周辺には2軒ほど商店がある。パンやジュース、お総菜、トイレットペーパー、ビールと、小さな店には生活必需品がずらり。やはり少し割高なので、素泊まりならば食料は持参しよう。

105

西阿室集落
にしあむろしゅうらく

カトリック教会をもつ西の集落

　島の西側に位置する小さな西阿室集落は、夕日の美しさで知られる。島内で唯一のカトリック教会があり、古いシマ（集落）と不思議な一体感を醸し出す。趣ある商店や厳島神社などが点在する集落を散策したあとはビーチでひと休み。島らしいのどかな雰囲気を満喫することができる。

上／巨大なデイゴの木が集落の入口
左下／美しいカトリック教会
右下／商店の前の川には大ウナギがいる！

🚌 瀬相港から車で約10分

かけろまカフェ
かけろまかふぇ

島スイーツでリフレッシュ

　諸鈍長浜ビーチ近く、展示・体験交流館の2階にあるカフェ。日替わりの丼メニューやタコライス各800円〜、BLTバーガー650円などの軽食のほか、ケーキやマフィンなどのスイーツ各300円〜も。メニューは日替わりなのでチェックして。

上／目の前には真っ青な海　左下／島の素朴な味に癒やされる　右下／くつろげるソファ席も人気

🚌 生間港から車で約20分　🏠 瀬戸内町諸鈍316　📞 (0997)76-0676　🕐 11:00〜14:30 (L.O.14:00)　休 土曜　🅿 あり

安脚場戦跡公園
あんきゃばせんせきこうえん

砲台の跡から絶景を眺める

　明治末期から第2次世界大戦にわたって旧海軍の軍事施設がおかれていた場所。駐車場からは坂道を登り、弾薬庫跡や潜水艦の進入を防ぐために設置された金子手崎防備衛所跡などを見ることができる。眼下には複雑に入り組んだ大島海峡が広がる。かつての砲台は今は絶景スポットだ。

上／大島海峡の美しさは今も昔も変わらない　左下／弾薬庫跡　右下／激戦の様子を今に伝える

🚌 生間港から車で約20分　🏠 無料　🅿 あり

お食事処もっか
おしょくじどころもっか

モーニングやデリバリーも！　島の救世主的存在

　西阿室で食堂と一棟貸しの宿を営む。ランチは日替わり定食1000円など、ディナーは刺身盛り合わせや長命草の天ぷらなど島の料理を提供。事前予約でデリバリーにも対応する。

上／3日前までの予約で朝食も提供 1200円　左下／島の人々も集う　右下／島の味覚がたっぷり

🚌 瀬相港から車で約10分　🏠 瀬戸内町西阿室8　📞 (0997)76-3776　🕐 11:30〜14:30 (L.O.14:00)、18:30〜23:00 (L.O.22:00)　休 火・日曜（夜）　🅿 あり

Voice
加計呂麻島のなかでも秘境といわれるのが実久。島の西北端にあり実久ブルーとも称される美しい海が広がる。集落には素泊まりの宿「マリンビレッジ」がある。キッチン、ユニットバス、ロフトのついたコテージが2棟。秘境らしい静かな滞在が楽しめる。

🍶 居酒屋　エリア 瀬相　MAP P.102B2
たづき
たづき

地元の人でにぎわう

ランチは日替わり、夜は居酒屋スタイルで地元の人に人気。季節の食材を使った料理はどれもボリュームたっぷり。ソーキそば700円など。

🚶 瀬相港から徒歩約3分
🏠 瀬戸内町瀬相　📞 090-7984-0929　🕐 11:30 ～ 14:00（なくなり次第終了）、18:00 ～ 23:00　🈳 日曜（水曜はランチのみ）　🅿 あり

🎁 特産品　エリア 瀬相　MAP P.102B2
いっちゃむん市場
いっちゃむんいちば

島の名産品が集結する直売所

加計呂麻島の農産物、水産物、畜産物が集まる直売所。地元食材を使ったアイスクリームも人気。観光案内所としての役割も兼ねているのでまず立ち寄ろう。

🚶 瀬相港からすぐ
🏠 瀬戸内町瀬相 742-39　📞 (0997)75-0290
🕐 9:30 ～ 18:00　🈳 なし　🅿 あり

🏠⭐ ペンション　エリア 生間　MAP P.103C2
ハウス in カケロマ
はうすいんかけろま

スリ浜を望む静かな宿

ウッディな客室は居心地がよい。天気がよければ庭のハンモックでお昼寝したり、バーベキューをすることもできる。レストランにはオーナーが撮った島の写真が飾られている。

🚶 生間港から車で約10分　🏠 瀬戸内町諸数 618
📞 (0997)76-0381　💰 朝夕 9900 円　🈳 4 室　🅿 あり

🏠⭐ ペンション　エリア 生間　MAP P.103C2
MARINE BLUE
まりんぶるー

アクティビティが豊富な宿

ダイビングやスノーケリング、SUP といったアクティビティを多数用意。部屋は 3 タイプあり、ビーチフロントの「海の部屋」が一番人気。夜はシマ唄ライブも。

🚶 生間港から車で約10分　🏠 瀬戸内町諸数 587-1
📞 (0997)76-0743　💰 朝夕 9900 円　🈳 5 室　🅿 あり
🔗 www.marineblue-kakeroma.com

加計呂麻島のビーチ巡り
透明で美しい加計呂麻島のビーチ。入江が多く、波が穏やかなので安心して楽しめる。

🚻 トイレ　🚿 シャワー　更衣室　🏪 売店　監視員　🅿 駐車場　※監視員は7月中旬から8月中旬の夏季のみ。常駐時間が限られるので注意。

実久ビーチ
さねくびーち
島の西北端にあるビーチ。中心部からは遠いけれど、美しさは随一。岬の先端はサンゴが群生するスノーケリングスポット。

MAP P.102A1
🚶 瀬相港から車で約40分

スリ浜
すりはま
周辺に数軒宿があり、アクセスのよいビーチ。スノーケリング、ウインドサーフィンなどのマリンアクティビティも楽しめる。

MAP P.103C2
🚶 生間港から車で約10分

徳浜
とくはま
島の南東端に位置する白砂が美しい人気のビーチ。周囲は険しい断崖が見られる。冬には沖にザトウクジラが見えるかも。

MAP P.103C3
🚶 生間港から車で約15分

渡連ビーチ
どれんびーち
白い砂浜にアダンが揺れる大島海峡に面した穏やかなビーチ。古仁屋からシーカヤックツアーで訪れることも多い。

MAP P.103D2
🚶 生間港から車で約10分

 Voice
加計呂麻島の飲食店はお客さんが少ないときは閉めてしまうことも多い。訪れる前に電話で確認してから向かうほうがいいだろう。なお、加計呂麻島は意外と広い。移動に時間をとられてランチを食べそびれた……なんてことのないように注意して。

喜界島NAVI

サトウキビ畑がのどかに続く
隆起サンゴの島

喜界島NAVI
きかいじま

1 奄美大島北部から海上に望むことができる喜界島。最高地点は211mで、平坦な島という印象だ。サトウキビ栽培が盛んで、北部にあるサトウキビ畑の間を真っすぐに延びる一本道はSNSで話題に。島の地下にあるダムは、ダムマニアの間で有名だ。

島で～た

面 積	56.82km²
海岸線	50.0km
最高標高	211m（七島鼻）
人 口	6439人
	（2023年）

喜界島への行き方

2 奄美空港から喜界空港までJALで約25分。鹿児島空港からJALで約1時間10分。鹿児島～奄美大島～沖永良部島を結ぶマルエーフェリーの「フェリーあまみ」「フェリーきかい」で名瀬港から2時間40分。

眼下に青い海が広がる

島内の移動

3
レンタカー
島内はレンタカーが便利。台数が少ないので予約が必要。

（問い合わせ）
喜界レンタカー	0120-635-618
SAKAEレンタカー	(0997) 65-0404
ヒガレンタカー	(0997) 65-0100
深水レンタカー	(0997) 65-1070

バス
島巡回バスは「北本線」「南本線」「中央線」の3路線ある。

（問い合わせ）
喜界バス (0997) 65-0061

湾
わん

古くから栄える島の行政、経済の中心地。空港からも近い。

- ● 観る・遊ぶ
- Ⓡ 食事処
- Ⓢ みやげ物店
- Ⓗ 宿泊施設

至名瀬港（奄美大島）

スギラビーチ
リーフで囲まれた島で一番人気のビーチ。

折り込み Map⑦ 喜界島中心部

中間トンネルビーチ ●

喜界空港 ✈

赤連

中里

荒木・中里遊歩道
（夕日の散歩道）

ウフャグチ鍾乳洞
P.110

喜界町
喜界町埋蔵文化財センター
P.110

七島鼻（ポイント211）
P.110

荒木

ガジュマル巨木
P.111

夫婦ガジュマル

手久津久

花良

花良治しまぐらしハウス
P.133

N

0 1 2km

サトウキビ畑の一本道

サトウキビ畑の間に一直線に延びる道。

日本最大級の蝶、
オオゴマダラの生息地！

ハワイビーチ
トンビ崎国定公園

小野津ビーチ
東経130度子午線
モニュメント
西商店 S
小野津
ムチャ加那公園
P.110
雁股の泉
P.110
平家上陸の地

サトウキビ畑の一本道
P.43

サンゴカフェ P.111 R
喜界島サンゴ礁科学研究所
P.111
塩道

早町

百之台公園
P.110
ソテツ巨木
嘉鈍
アサギマダラロード

阿伝集落
あ でんしゅうらく

昔ながらのサンゴの石垣が
残る集落。

阿伝
阿伝集落
P.110

絶景ブランコ

トゥヌムトゥ公園
にあるブランコ。

気になる

ベーシックインフォメーション Q&A

2

Q どんな宿がある?

A ホテルや旅館などを利用

ホテルや旅館のほかに、キッチンや洗濯機などを完備したウイークリールームがあり、短期の滞在から使える。またドミトリータイプのゲストハウスもある。中心部以外に泊まる場合は、食事の確保を。飲食店は不定休というところが多い。

Q おみやげは何を買う?

A ゴマや黒糖が特産品

喜界島の白ゴマ生産量は日本一。風味がよく、ゴマ油やドレッシングなどに加工されている。またサトウキビの栽培も盛んで黒砂糖をはじめ、黒糖を使ったお菓子もおすすめ。花良治集落のみで生産される花良治ミカンのジャムも人気だ。

Q 島内の交通手段は?

A レンタカーが便利

島の観光にはレンタカーが便利。台数が少ないので予約しておこう。バスは北中央線、南中央線が運行。比較的アップダウンの少ない島なので、レンタサイクルでの移動も可能だが、一周は約42km。かなりハードな行程となることを覚悟して。

Q どんなアクティビティがある?

A ダイビングやSUP、町歩きができる

ダイビングサービスが2軒あるほか、SUPやスノーケリングツアーを開催する South Beats URL https://www.south-beats.com がある。シマッチュが案内するシマ歩き（喜界町観光協会）も楽しい。

📷 公園　　エリア 喜界町　　MAP P.109C1

ムチャ加那公園
むちゃかなこうえん

シマ唄に歌われた美女をしのんで

　シマ唄「ムチャ加那節」で歌われるのは、美し過ぎたため不遇な目に遭ったウラトミとムチャ加那母子の悲しい人生。小野津集落を見渡すこの高台の公園に記念碑や墓碑がある。

🚗 喜界空港から車で約25分　🅿 あり

📷 展望台　　エリア 喜界町　　MAP P.108B3

七島鼻（ポイント211）
しちとうばな（ぼいんと211）

喜界島の最高地点から絶景を望む

　喜界島の最高地点（211m）にある展望スポット。近くには旧日本軍がレーダーを探知した通信施設も残っている。西側には奄美大島を望む。パラグライダーの離陸場になっている。

🚗 喜界空港から車で約20分　🏠 喜界町花良治　🅿 あり

📷 泉　　エリア 喜界町　　MAP P.109C1

雁股の泉
かりまたのいずみ

神秘的な雰囲気の泉

　源為朝が琉球に渡ろうとしてしけに遭ったとき、喜界島に住民がいるか確認するため矢を射った。その矢を抜いたあとに湧いた泉といわれる。今もこんこんと水が湧く神秘的な泉だ。

🚗 喜界空港から車で約25分　🅿 あり

📷 鍾乳洞　　エリア 喜界町　　MAP P.108B2

ウフヤグチ鍾乳洞
うふやぐちしょうにゅうどう

ライトアップされた鍾乳洞を探検

　かつては石筍（せきじゅん）も見られたというが、第2次世界大戦時に守備隊の防空陣地となったため取り払われている。神秘的な鍾乳洞内を一周することができ、一見の価値あり。

🚗 喜界空港から車で約20分　🏠 喜界町島中　🅿 あり

📷 集落　　エリア 喜界町　　MAP P.109C3

阿伝集落
あでんしゅうらく

サンゴの石垣を散策

　昔ながらのサンゴでできた石垣がいい保存状態で多く残っている。間近に見ると思った以上に厚みがあり、頑丈に積み上げられたことがわかる。昔にタイムスリップしたような雰囲気だ。

🚗 喜界空港から車で約25分

📷 資料館　　エリア 喜界町　　MAP P.108B2

喜界町埋蔵文化財センター
きかいちょうまいぞうぶんかざいせんたー

発掘物の分類の様子も見られる

　131もの遺跡が点在する喜界島。縄文時代前期の6000年前にはすでに喜界島に人が住み、平安時代には巨大な集落があったことがわかっている。その発掘物の展示と発掘の様子をパネルで展示。喜界島の歴史を知ることができる。

📷 公園　　エリア 喜界町　　MAP P.109C2

百之台公園
ひゃくのだいこうえん

島を一望するビューポイント

　島の中央部に広がる標高約200mの高台の一角にある公園。島の東側に広がる緑濃い畑と野山、光きらめく海とが織り成す景勝を望む。奄美十景のひとつでもある。

🚗 喜界空港から車で約30分　🏠 喜界町嘉鈍2279　🅿 あり

上／展示室では土器などを展示　左下／遺物の分類作業が見られることも　右下／うず高く積み上げられた遺物の山

🚗 喜界空港から車で約10分　🏠 喜界町滝川1203　☎ (0997)55-3308　🕐 9:00〜17:00　休 なし　料 無料　🅿 あり

voice 喜界島には高い山や深い森はなく、猛毒のハブも生息しない。かつて海を渡ってきた人類にとって、住みやすい島だったのだろう。近年、喜界島で縄文時代の集落や製鉄炉などの発見が続き、南洋史を塗り替える可能性が出てきた。

［木］ ［エリア］喜界島 ［MAP］P.108B3
ガジュマル巨木
がじゅまるきょぼく

巨大なガジュマルが圧巻！

手久津久（てくづく）の集落にあるガジュマルは樹齢100年ともいわれる。枝幅は42m、高さ17m、幹回りはなんと16m。無数の木根がまといつく太い幹が迫力満点。

🚗 喜界空港から車で約25分　🅿️ 駐車場 なし

［資料館＆カフェ］ ［エリア］喜界町 ［MAP］P.109C2
喜界島サンゴ礁科学研究所
きかいじまさんごしょうかがくけんきゅうじょ

サンゴをはじめ喜界島の自然を学べる施設

2017年に廃校を利用してオープン。珊瑚礁についての研究発表や模型などが展示されている。併設のサンゴカフェでは北海道オムカレー800円やハワイKONA100%コーヒー400円など、施設に関わりのある土地の特産を味わえる。

上／発表イベントを随時開催　左下／地元の人々の憩いの場　右下／喜界島アールグレイ350円と軽食をどうぞ

🚗 喜界空港から車で約25分　🏠 喜界町塩道1508　☎ (0997) 66-0200　⏰ 10:00〜17:00（カフェは7〜9月の土、日曜のみ営業11:00〜15:00）　休 土・日曜、祝日　料 無料　🅿️ 駐車場 あり

［寿司］ ［エリア］喜界町 ［MAP］折り込み⑦ B1
廻転寿司大吉
かいてんずしだいきち

島唯一の廻転寿司でヤギの握りを

その日に水揚げされた近海の魚やヤギ寿司320円など島ならではのネタが回る。山羊汁600円や山羊定食1700円などユニークな料理も楽しめる。

🚗 喜界空港から徒歩約10分　🏠 喜界町湾160-3　☎ (0997)65-3280　⏰ 11:30〜13:00、17:00〜21:00　休 木曜　🅿️ 駐車場 あり

［カフェ］ ［エリア］喜界町 ［MAP］折り込み⑦ B2
ゆいカフェ
ゆいかふぇ

地元の特産を味わえるカフェ

農産物加工販売施設内にあるカフェ。島の素材を使ったスイーツや軽食を用意。併設のショップでは、黒糖や豆菓子など喜界島の特産を販売。おみやげ探しにぴったり。

上／物産販売所　左下／さわやかな酸味のパッションバニラアイスクリーム600円　右下／一角がカフェになっている

🚗 喜界空港から車で約10分　🏠 喜界町湾1298　☎ (0997)65-0958　⏰ 9:30〜17:00（月〜金曜）、10:00〜16:00（土・日曜・祝日）　休 なし　🅿️ 駐車場 あり　カード 可

［ホテル］ ［エリア］喜界町 ［MAP］折り込み⑦ B1
喜界第一ホテル
きかいだいいちほてる

多彩な客室のバリエーション

空港、港から徒歩約15分という好ロケーションにあるホテル。客室はシングルからフォースまで多彩。大浴場が併設され、ゆっくりくつろげるのもうれしい。

🚗 喜界空港から徒歩約15分　🏠 喜界町湾142-4　☎ (0997)65-2111　💰 素5400円〜、朝6700円〜　客室数 27室　🅿️ 駐車場 あり　URL https://kikai1.com

---

［ホテル］ ［エリア］喜界町 ［MAP］折り込み⑦ B1
ビジネスホテル喜界
びじねすほてるきかい

手入れが行き届き気持ちがいい

ビジネスホテルとはいえ清潔で各部屋にバストイレやアメニティが完備されているので観光にもおすすめ。全館無線LANが使えるのでビジネスユースにも対応する。

🚗 喜界空港から徒歩約10分　🏠 喜界町湾173-1　☎ (0997)65-3838　💰 素5460円〜　客室数 18室　🅿️ 駐車場 あり　URL http://business-kikai.com

---

VOICE〈 喜界島はゴマの生産が盛ん。特に白ゴマ生産は作付け面積100ヘクタールを超え、生産量日本一を誇る。喜界在来の白ゴマは香りの高さに定評があり、島産100%のゴマ油は別格だ。7〜9月、刈り取られたゴマの束が天日干しされている風景は、秋の風物詩だ。

奄美
島人インタビュー
3
Islanders' Interview

ルリカケスは奄美大島近辺に生息する固有種

「山に入らないと、生きている気がしないんです」と笑う

自然は24時間年中無休。
40年近く、年間150日以上山に入っても
まだまだ発見の連続です。

自然写真家・ネイチャーガイド **常田 守**（つねだ まもる）さん

奄美の自然に魅せられて
今日も奄美の山に行く

奄美の自然を写真に撮りながら、フィールドガイドをする常田さん。この40年近く、2日に1回は山に入っているという、おそらく奄美で最も自然を自分の目で見て、肌で感じている人だ。そんな常田さんが思う奄美の最大の魅力とは生態系の豊かさ、そして多様性だ。「植物の種類は約1500種類あるといわれていますが、そのうち奄美には固有種が約50種あります。こんな島、めったにありませんよ」

一時は奄美にリゾートとしての快楽を求めて観光客が押し寄せたが、

夜の森だけで会えるリュウキュウコノハズク

最近はこの自然に注目した海外からのエコツーリズム客が増えた。「奄美の価値を理解するのは、むしろ外国人です。案内したイギリス人は、同じ島国でありながら固有種がゼロのイギリスに比べて奄美の自然は驚異的だと言っていました」。鳥や昆虫など、見たいもののためには、何時間、何日間でも山に入る彼らの情熱に、常田さん自身、生半可な知識や態度ではいられないという思いを強くした。「まだまだ初心者、常に勉強という気持ちで山に入ります」。海外からの反響もあり、最近、ようやく奄美島内でも自然の価値が認められてきたという。

同時に、安易なエコツーリズムにも警鐘を鳴らす。例えば、金作原原生林は気軽にジャングルのような景観が見られる人気スポットだが、本来ヒカゲヘゴは光が差し込む沢沿いに生えるもので、林道に茂るようになったのは人間の手で森を拓いた結果だ。それ自体が悪いというわけではない。しかし、風景を素通

青い羽が美しいリュウキュウアサギマダラ

りするだけでは、奄美の自然の偉大さはわからない。その類いまれなる自然を知る鍵は、ガイド自身にあると言う。ガイド自らがもっと山に入り、経験を積み、責任を負う覚悟が必要だ。「安全で楽に表層だけを見せるツアーは、心からの感動を与えてくれません。奄美の自然は奥深いんです。本当の奄美の姿を知れば、きっとまた奄美に来たくなる。真のエコツーリズムを提供することで奄美の自然も守られる。今ようやく、われわれはそのスタート地点に立ったところです」

もっと奄美が好きになる

奄美の深め方
More about Amami

地理も歴史も本土とは異なる奄美の島々。

島の歴史や、祭り、独特の島言葉などをご紹介。

奄美の自然や文化を知れば、旅がぐっと楽しくなる。

多様な生き物を育む豊かな島
奄美の自然

南北200kmにわたるエリアに多様な環境が共存

九州から南西に約380km。九州と沖縄のほぼ中間地点に浮かぶ奄美の島々。島は南北に連なり、亜熱帯の針葉樹林やマングローブ林、珊瑚礁など多様で豊かな生態系を展開する。その中心となる奄美大島は、東京23区よりも少し大きい712.39km²。北部はなだらかで農業が盛ん、南部は土地の9割が山林で占められた険しい地形で、島の最高地点となる694.4mの湯湾岳も南部にある。

奄美の島々のなかでも、奄美大島、加計呂麻島、徳之島などはもともと標高が高く、長い歴史のなかで海水面の上下が繰り返されても陸地を保ち森林を発達させた。一方、喜界島などの標高の低い島は、珊瑚礁が発達してできた隆起サンゴの島。現在でも毎年2mmずつ隆起を続けている。

希少生物の宝庫 驚異の生物多様性

なぜ奄美には固有種が多いのか。ひとつには、太古の昔、大陸から隔絶されて以来、再び大陸とつながることがなかったという地史的要因がある。島に残された生き物たちには大型肉食獣などの天敵がいなかったため、大陸では絶滅してしまった動植物がここでは生き延びることができた。その筆頭がアマミノクロウサギだ。

もうひとつは、奄美の自然環境にある。黒潮の海流の影響で湿った風が吹く奄美では、年間3000mmという大量の雨が降る。豊かな降水は亜熱帯性広葉樹林と熱帯系の樹林、そしてシダ類が繁茂する豊かな森を育み、同時に動物たちのすみかとなった。小さな島にこれほどまでに多様な生物が暮らすのは、そうしたいくつもの奇跡が重なったからである。

世界自然遺産登録後もたゆまぬ努力で自然を守る

2021年7月、ついに奄美大島と徳之島、沖縄県の本島北部（いわゆるやんばるの森）と西表島の4島が世界自然遺産に登録された。最初に政府がユネスコに推薦書を出したのは2017年。しかし、諮問機関の専門家による調査の結果、一度は却下に。さまざまな改革や調整を行い再度チャレンジ、ようやく認められたという格好だ。しかし登録がゴールではない。貴重な自然を守るため、今後は動植物や環境保護に関してよりいっそうの努力が必要だ。ロードキルから動物を守るため、通行の自主規制や、専門知識をもったガイドの同行を推奨するなども、その取り組みの一環。われわれ旅人も、自然を守り、動植物を尊重しながら観光するという意識をもちたい。

奄美の森は野鳥の宝庫。オオトラツグミも地球上でここにしかいない固有種だ

奄美大島だけに自生するアマミエビネ。盗採被害で激減し、絶滅危惧種に分類されている

奄美大島世界遺産センターでは、奄美の自然を多角的に体験できる

奄美の多様な自然

亜熱帯性多雨林
世界でも希有な豊かな森

さまざまな動植物を育む広葉樹林。年間降水量が3000mmを超え、湿度が高いことから、世界の亜熱帯地域のなかでも珍しい、亜熱帯性多雨林が広がる。

南部の湯湾岳周辺には深い森が広がる

珊瑚礁の海
黒潮が育む多様な生命

220種近くものサンゴが生息する豊かな珊瑚礁に囲まれている奄美群島。温暖な黒潮の影響で、世界のなかでも高緯度にサンゴが生きているのが特徴だ。

珊瑚礁は魚や甲殻類の生きる場でもある

マングローブと干潟
干潟は小さな命の宝庫

住用川の河口のマングローブ原生林や龍郷湾の干潟は、干潮と満潮による変化で、生活環境の違う貴重な植物や無脊椎動物など多種多様な生き物が生息する。

自然の微妙なバランスで成り立つ干潟

海岸線が育む命
入り組んだ海岸線

奄美群島の海岸は、ウミガメなどの産卵場としてだけでなく、オキナワギク、ヒメスイカズラなどの希少な海岸植生を育んでいる。

奄美大島の海岸線は461km。大小の入り江が連なる

VOICE 1979年にハブとネズミ退治のために持ち込まれたマングースは、瞬く間に数を増やし、動物を絶滅の危機に追いやった。2005年、マングースバスターズが結成され、本格的な駆除に着手。2018年に1匹を捕獲して以降、今現在姿を見た者はいない。

奄美の魅力はなんといってもほかでは類を見ないほどの生態系の豊かさ。世界自然遺産登録を果たしたあとも官民一体となった自然保護、維持の動きがより高まっている。

動植物を記録し島の子供に伝えたい

奄美市立奄美博物館 **平城達哉**さん

豊富な知識があり島外で講演することも多い

「奄美が注目されている理由のひとつに、希少な固有種が多く生息・生育していることが挙げられます」。そう語る平城さん。名瀬生まれで、幼い頃から野鳥好き。大学は琉球大学で生物学を専攻。就職先はそのまま沖縄で生物の研究をするか奄美に戻るかで悩んだが、やはり地元の山が恋しかった。そこで休みの日だけでも山に入れたらと思い、市役所の職員に応募。幸運なことに奄美博物館に配属され、島の自然に関わることになった。

「今でも3日に1度は山に入ります。山の表情が同じということは一度もない。毎回発見と驚きがあるんです。実際にどれくらい未発見の生き物が山に潜んでいるか想像もつきません。見つけた生き物を写真に収め、整理して共有したいんです」

最近では学校での講演に呼ばれることも多い。クイズを交えながらテンポよく進む授業は子供たちに好評だ。「子供たちの自然への興味と知識には驚かされますね。私たちの子供の頃はアマミノクロウサギなんて見たことのある人は少なかったんです。世界自然遺産に登録されたことで、島の人たちの自然への意識が高まっているのを感じます」

今、平城さんが取り組んでいるのが、島同士の情報の連携だ。生き物の情報だけでなく、自然保護に対する取り組みや問題点を共有することで、相互に協力し前進することができる。出張も多いが、どんなに疲れていても山に入るとリラックスし、活力が湧くという。そんな平城さんに奄美の自然の楽しみ方を聞いた。「ずばり、夜の森に行くことです。個人で行くのは危ないのでガイド同行のツアーを利用して。奄美の動物の多くが夜行性。昼間と全く異なる世界が広がっているんですよ。動物はもちろんですが、昆虫や花も、夜ならではの姿を見せてくれるはずです」

喜界地下ダムに行ってみよう

オオゴマダラを守りつつ喜界島の地下に巨大ダム完成

喜界島には、年間2000mm以上の雨が降るが、梅雨時期と台風に集中し、降った雨の大半が琉球石灰層を通って海へ流れ出てしまうので、島に水が蓄えられなかった。そこで島の地下に止水壁を構築し、琉球石灰岩の空洞に地下水を貯留する地下ダムを建設。それまで海に流出していた水を蓄え、農業用水として使用できるようになった。なお、地下ダムの止水壁が構築されている一帯は大型のチョウ、オオゴマダラの生息地であったため、地表を傷つけず、地下にトンネルを掘り止水壁とする、全国で初めての工法を取り入れたのも画期的だった。現在、工事に使用されたトンネルを見学できる。

ダムデータ

形式	地下ダム
堤高・堤頂長	35m・2280m
総貯水量	180万㎡
着工	1993年
完成	1999年

足元に注意！

階段を下り地下トンネルへ。温度の変化に注目

ダムカードももらえる！

工事用のトンネルの内部。石灰岩のプールに感動！

音声案内で地下ダムについて説明が聞ける

MAP 折り込み⑦B2
✈ 喜界空港から車で約5分 📍喜界町湾1372-1 ☎喜界土地改良区 (0997) 55-3151
🕐 9:00～16:00 休 土・日曜、祝日 予約 電話予約が安心 料無料 駐車場 あり

voice マングースだけでなく、野生化した猫もアマミノクロウサギの天敵だ。徳之島では島にいる猫3000匹に対し不妊、去勢手術を実施するプロジェクトを実施。徳之島町にいるアマミノクロウサギは推定200匹。絶滅危惧種に指定されている。

115

本土とは異なる独自の歩みをもつ島
奄美の歴史

時代区分

旧石器時代	縄文時代	弥生時代平行期	古墳時代平行期	古代（奈良時代）	中世	琉球王国統治時代	薩摩藩統治時代	明治・大正・昭和前期
〜紀元前30000年以前	紀元前8000年〜	紀元前300年〜	300〜700年	700〜1000年	12世紀頃	1266〜1609年	1609〜1867年	1868〜1945年

旧石器時代 〜紀元前30000年以前
土浜遺跡（奄美市笠利町）、ガラ竿遺跡（徳之島伊仙町）などで遺跡が確認されている。

縄文時代 紀元前8000年〜
紀元前6000年頃の遺跡が確認されている。

弥生時代平行期 紀元前300年〜
本土では農耕社会が始まるが、奄美では狩猟採集メインの生活が続く。

古墳時代平行期 300〜700年
本土の古墳文化は奄美には波及しないが、奄美の貝殻などは遠隔地と交易があったという記録も。

古代（奈良時代）
657年 『日本書紀』に初めてアマミの地名が登場する。
754年 太宰府跡から、奄美大島（アマ美嶋）と書かれた荷札が見つかる。
8世紀前半 遣唐使船が奄美を目指すが行方不明になる。

中世
12世紀頃 奄美の夜光貝が本土で発見される。

奄美の特有の穀物貯蔵庫、高倉は室町時代あたりに南洋から伝わったという説がある

琉球王国統治時代
1440年頃 琉球国が喜界島を征服。
1466年 琉球国が奄美大島に侵攻、征服する。
1609年 薩摩藩が琉球を征服。

薩摩藩統治時代
1690年 薩摩藩が奄美諸島・琉球に侵攻開始。
1690年頃 サトウキビの本格的な栽培・精糖開始。サツマイモの栽培が始まり、主食となるとともに、焼酎の生産も始まる。
1747年 換糖上納となり、米で納めていた税を黒糖で換算して納付するようになる。
1755年 凶作により徳之島で3000人が餓死。
1767年 奄美大島で白糖製造が始まる。
1830年頃 天保の改革による厳しい税の取り立てと、サツマイモの不作で、ソテツ粥などで飢えをしのぐ。

ソテツは救荒作物として、実をすりつぶして粥にして食べられた

明治・大正・昭和前期
1873年 大島南里を中心に、砂糖の自由販売を求める勝手世（かってゆ）騒動が起こる。
1875年 大島商社が設立され、黒糖販売の独占権を握る。
1878年 大島商社解散。
1879年 キリスト教が伝来する。
1901年 大島郡砂糖同業組合設立。
1905年 販売組合による出荷体制が整備され、島民の手で砂糖が出荷できるようになる。
1920年 本土より32年遅れ、町村制が施行される。
1921年 ルリカケス、アマミノクロウサギが天然記念物に指定される。
1923年 株価の大暴落と台風による食糧難で、出稼ぎ労働者が増える。
1945年 名瀬の大空襲で市街地の90％が焼失。古仁屋に陸軍要司令部が設置される。

キリスト教は貧しい暮らしに耐える島民の間で熱狂的に受け入れられた

アマミノクロウサギは、動物として初めて国の天然記念物に指定された

中世
本土で珍重された奄美の夜光貝（ヤコウガイ）

遺跡からの出土品は、歴史民俗資料館で見ることができる

平安時代、宮廷貴族たちの間で装飾品としてもてはやされた夜光貝。奄美のいくつかの遺跡からは、貝細工を製作したとみられる夜光貝の貝殻が大量出土し、本土と交易をしていたと見られている。岩手県の中尊寺金色堂の螺鈿細工で使われている夜光貝は、奄美産だという説もある。

薩摩藩統治時代
サトウキビと奄美の暮らし

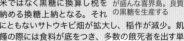

奄美の農業と暮らしに大きな影響を与えたのがサトウキビだ。1690年、薩摩藩が精糖技術を沖縄から導入すると、本格的に生産が始まり、1747年、米ではなく黒糖に換算し税を納める換糖上納となる。それにともないサトウキビ畑が拡大し、稲作が減少。飢饉の際には食料が底をつき、多数の餓死者を出す単一農業の弊害もあった。

現在もサトウキビ栽培が盛んな喜界島。良質の黒糖を生産する

VOICE　奄美の郷土料理に油そうめんがあるが、そうめんは薩摩藩統治時代に、黒糖と交換で奄美に入ってきたもの。そうめんは貴重品で、戦前にいたるまで、ある集落では問題を解決するときには、関係者が焼酎とそうめんを持ちより、会合が催されたとか。

本土の日本史とは異なる時代区分をもつ奄美群島。
琉球王国や薩摩藩、そして戦後は一時アメリカ統治下におかれていた複雑な経緯は、
島独自の文化や産業を形成した。歴史を知れば旅がもっとおもしろくなるはずだ。

History of Amami

年表

アメリカ統治時代 1946年〜1953年	1946年	2月、米軍の軍政下におかれる。
	1951年	本土復帰運動が高まる。
	1953年	12月25日、奄美群島が本土に復帰。
昭和後期 1953年〜1988年	1946年	名瀬市に南海日日新聞社開設。
	1963年	大島紬を舞台にした歌、「島のブルース」が大ヒットする。
	1972年	大島紬の生産量がピークを迎える。
	1987年	ケーブルテレビ局奄美テレビ開局。
平成 1989年〜2019年	1994年	瀬戸内ケーブルテレビ開局。
	2006年	名瀬市と大島郡笠利町・住用村が合併して奄美市を設置。
	2007年	奄美群島初のコミュニティFM「あまみエフエム」開局。
	2017年	国内34ヵ所目の国立公園として、奄美群島国立公園が誕生。
令和 2019年〜	2021年	「奄美大島、徳之島、沖縄島北部及び西表島」の世界自然遺産登録が決定する。

龍郷町に立つ歌碑では「島のブルース」を聴くことができる

あまみエフエムは末広町の市場の中のスタジオから放送される

現在、大島紬の生産量は最盛期の40分の1にまで減ってしまった

⟨ 奄美ゆかりの人物 ⟩

西郷 隆盛（さいごう たかもり）
「維新の三傑」とされる幕末のヒーロー、西郷隆盛。命の恩人である清水寺の僧侶月照が幕府に追われ処刑されるとき、ともに海に身投げしたが奇跡的に助けられる。その後奄美大島に配流され、3年間を奄美で過ごす。その間に愛

西郷が暮らした家、西郷南洲流謫跡

加那を娶り、2人の子供をもうけた。島では近隣の子供たちに勉強を教えたり、税の取り立てにあえぐ島民に味方したりと、島での生活になじんでいたという。龍郷町には、西郷が過ごした住居、西郷南洲流謫跡があり、肖像画や資料などが展示されている。

島尾 敏雄（しまお としお）
大正6年、横浜に生まれた島尾敏雄は、昭和18年、特攻艇震洋の部隊長として加計呂麻島に駐留、1945年8月13日に出撃命令を受けるが、待機のまま終戦を迎えた。その体験を基に小説『出発は遂に訪れず』を発表。昭和30年に奄美大島へ転居、執筆

活動をしながら県立図書館奄美分館の初代館長となり、離島での読書環境の改善に尽力した。日本の近世を理解するうえで重要なキーワードである、日本列島を島々の連なりと捉えるヤポネシアという概念の生みの親でもある。
加計呂麻島に立つ、島尾敏雄文学碑

アメリカ統治時代〜現代
高度経済成長を経て、自然・文化の保護が焦点に

名瀬市内を見下ろすおがみ山公園には、本土復帰の碑がある

第2次世界大戦後、北緯30度以南の島々は米軍の軍政下におかれ、7年間の米軍統治時代が始まった。本土復帰後は、奄美群島復興特別措置法の下インフラ整備が進む。高度経済成長時代は大島紬が一大産業となったが、生活習慣の変化や職人の高齢化により生産量は減少傾向に。近年は、奄美の豊かな自然や文化に再注目する動きが高まり、2021年には、世界自然遺産に登録されたことを受け、官民一体となり保護、継承に取り組んでいる。

明治時代
奄美の近代化の始まり、勝手世騒動（かってゆ）

大蔵省が黒糖自由売買を認めたあとも、県の許可を得て作られた、表向きは民間の会社である大島商社が独占売買を握り、実質的には薩摩藩統治時代と全く変わらない状況が続くなか、英国商人グラバーの誘いでロンドンや上海に渡り見聞を広めた丸田南里を中心に、生活改善と自由平等を手に入れる運動が活発化する。そして1878年、大島商社の解体に成功した（勝手世騒動）。

丸田南里は精糖指導のため長崎から名瀬を訪れていたグラバーと出会い世界を旅した

voice 米軍統治時代、ケンムンの崇りを恐れ島人はガジュマルの伐採を拒否したが、「マッカーサーの命令だ」と強要され木を切った。するとケンムンがいなくなり、ほどなくマッカーサーが死去。ケンムンがアメリカまで復讐に行ったからだといわれている。

117

歴史と自然を感じるイベントがいっぱい！

奄美の祭り歳時記

| 1月 | 2月 | 3月 | 4月 | 5月 | 6月 |

イベント＆お祭り

紬の日のつどい
❖ 1月5日
❖ 奄美市

1978年から開催している奄美大島の伝統産業、大島紬に親しむイベント。市民が紬を着用し、その魅力を再認識することを目的に始められた。

体験を通じて大島紬への理解を深めよう

奄美シーカヤックマラソン in 加計呂麻大会
❖ 7月上旬
❖ 加計呂麻島

奄美大島と加計呂麻島の間に横たわる大島海峡を舞台に繰り広げられるカヤックのレース。

宮古崎つつじウォーク
❖ 3月中旬
❖ 大和村

絶滅の危機にあるタイワンヤマツツジの植樹をしながら、ダイナミックな岬の景観と往復5kmのウオーキングを楽しむ。

タイワンヤマツツジの鮮やかな花

年中行事

ノロとユタの話

神事に関わる存在として、ノロとユタがいる。ノロは集落の繁栄や豊作祈願など、公的な祭祀を取り仕切り、ユタは病気など、個人的な悩みを解決する。現在もユタは存在し、人生の節目などで相談に訪れる人もいるという。

サンガツサンチ（海開き）
❖ 旧暦3月3日
❖ 島内各集落

女の子の節句。初めての節句を迎える0歳の子供が海水に足を浸し健康祈願する。

ヨモギ餅を持ち海に行くのが習わし

浜下れ（ハマオレ）
❖ 6月中〜下旬
❖ 龍郷町

海岸に出て、お弁当やお酒を持ち寄り、浜で遊ぶ日のこと。

奄美の年中行事

秋名のアラセツ行事
（国指定重要無形民俗文化財）
❖ 旧暦8月初丙
❖ 龍郷町 秋名集落

例年9月中旬頃に行われる、山と海から稲魂（にゃーだま）を招いて五穀豊穣に感謝し、来年の豊作を祈願する新節（あらせつ）行事。夜明けとともに山の中腹に作った片屋根を揺り倒し、倒した屋根の上で八月踊りを舞い、豊作を祈る「ショチョガマ」と、その夕刻、潮が満ち始める頃、秋名湾西岸で5人のノロと7人の宮司が唄を歌い、太鼓をたたきながら稲魂を招く、「平瀬マンカイ」のふたつが行われる。

海のかなたから霊魂を招く

佐仁の八月踊り
（県指定無形民俗文化財）
❖ 旧暦8月初丙・丁・壬・癸
❖ 笠利町 佐仁集落

佐仁集落で行われる祭り。1年の稲作を終え、豊作を祝い神々に感謝する集落をあげての祭りが今に伝えられているもの。特徴は、チヂン（太鼓）の音にのって、男性と女性が交互に唄を掛け合い、ときに激しくときに優しくリズムを変え、次第にテンポを上げてクライマックスに向かう唄の音調。これに合わせて皆で踊り、かつては唄に合わせて昼夜を問わず数日間も踊り明かしたという。

当日は夜遅くまで踊り明かす

VOICE 佐仁の八月踊りなど、祭りのなかには旅行者でも参加できるものも。唄や踊りを教えてくれる練習会なども開催されているので、各集落に問い合わせてみて。ただし、あくまでも主役は集落の人々。集落の大切な行事であることを理解し尊重しよう。

シマ（集落）の結びつきが強い奄美では、古くから伝えられてきた祭りが今に受け継がれており、無形文化財などに指定されている重要な祭りが多い。気さくな「しまっちゅ（奄美の人々）」と一緒に楽しもう！

Festival of Amami

| 7月 | 8月 | 9月 | 10月 | 11月 | 12月 |

夏の間は、あちこちで花火が夜空を染める

奄美まつり
❖ 8月上旬 ❖ 名瀬市街地

島内最大の夏のイベント。3000発の花火ほか、相撲大会、八月踊りなど。

パレードなど多彩な催しでにぎわう

やけうちどんと祭り
❖ 8月上旬 ❖ 宇検村

奄美群島随一の規模を誇る、海面を鮮やかに染める約4000発の花火がメイン。

あやまる祭り
❖ 8月上旬 ❖ 笠利町

舟こぎ競争、なんこ大会、島唄、火舞、花火大会、夜店など、地域色豊かな祭り。

三太郎まつり
❖ 8月下旬 ❖ 住用町

相撲大会、六調フェスタ、八月踊り、抽選会、花火大会、出店など、地域色豊かな祭り。

加計呂麻島ハーフマラソン
❖ 11月上旬 ❖ 加計呂麻島

風光明媚な加計呂麻島の海岸線を走り抜けるハーフマラソン。

龍郷ふるさと祭
❖ 7月下旬 ❖ 龍郷町

奄美群島でいちばん早い夏祭り。会場脇から打ち上がる花火は迫力満点。

瀬戸内町みなと祭り
❖ 8月中旬 ❖ 瀬戸内町

舟こぎ競争、市中パレード、相撲大会、花火大会など楽しい催しがいっぱい。

ひらとみ祭り
❖ 8月下旬 ❖ 大和村

舟こぎ競争、ステージショー、花火や夜店などが終日催される。

秋名のアラセツ行事
❖ 旧暦8月初丙
❖ 龍郷町 秋名集落

佐仁の八月踊り
❖ 旧暦8月初丙・丁、壬・癸
❖ 笠利町 佐仁集落

油井豊年踊り
❖ 旧暦8月15日
❖ 瀬戸内町 油井集落

相撲は豊年祭に欠かせない存在

諸鈍シバヤ
❖ 旧暦9月9日
❖ 瀬戸内町 諸鈍集落 大屯神社

ムチモレ踊り
❖ 旧暦10月16日
❖ 大和村 湯湾釜集落

スカーフや風呂敷で顔を隠した青年たちが家々を回り庭先で踊り無病息災を祈願し、深夜まで踊り明かす。

豊年祭は奄美各地で行われる

油井豊年踊り（県指定無形民俗文化財）
ゆ い ほうねんおどり

❖ 旧暦8月15日
❖ 瀬戸内町 油井集落

悪霊役のシンの登場で盛り上がる

稲作作業のあとでその年の収穫を神に感謝し祝う、古くから集落に伝わる祭り。微笑をたたえた面をつけ、田んぼに見立てた土俵で、稲刈りや米つき、「ホーエラエー、ヨイヤサノサ」のかけ声とともに踊る「力めし踊り」など、稲作の一連の作業を表現する。神事的儀礼に近い演目や「玉露加那」という劇もあり、大人も子供も夢中で見入る。

諸鈍シバヤ（国指定重要無形民俗文化財）
しょどん

❖ 旧暦9月9日
❖ 瀬戸内町 諸鈍集落 大屯神社

およそ800年の歴史をもつ

源平の戦いに敗れ加計呂麻島に落ち延びてきた平資盛が、地元の人々との交流を深めるために芸能を披露したのが始まり。平資盛を祀る大屯（おおちょん）神社で行われる。独特なカビディラという面をつけ披露される、踊りや狂言、人形劇など11の演目は、大和文化、琉球文化が入り交じり、当時の交易の痕跡がうかがえる。上演者はすべて男性で、女性役も男性が演じるのが特徴。

voice 網引きは豊年祭では欠かせない行事だが、引っ張り勝ち負けを競うのではなく、綱を担いだり引いたりして集落を練り歩く、という趣が強い。稲ワラで編んだ綱には、霊力があると信じられており、悪霊を乗り移らせたり、追い払ったりするのだ。

119

120年の歴史を伝える32の教会
奄美教会巡り

大笠利教会の向かいには海に面して墓地がある

名瀬の永田橋近くにある碑

迫害の後、再び島の復興に力を尽くす

昭和に入るとカトリック排除の動きが強まり、昭和9年にはすべての神父が島から引き上げ、残されたカトリック教徒の迫害も激化した。昭和20年4月には米軍の大空襲により「レンガみどう」も焼失した。

終戦後、アメリカの統治下となった奄美に、昭和22年、13年ぶりに神父が来島、戦後初のミサが開催された。本土から支援がないなか、教会はアメリカから送られてきた食料や衣服を配布、診療所や図書館なども建て、社会福祉に貢献する。昭和28年、本土に復帰したあとも、ハンセン病患者から生まれた子供を預かる施設や、知的障がい児施設、老人ホームなどを建て、奄美の社会福祉事業の先達となった。

奄美にキリスト教が伝わって120年余り。奄美を旅すると、各集落に教会があり、それぞれが独自の姿で集落になじんでいる。教会を巡るうちに、奄美のまた違う一面が見えてくるはずだ。

（※）名瀬聖心教会HPより

厳しい暮らしを照らした希望の光

現在、奄美大島、喜界島、加計呂麻島には、奄美大島カトリック教会が認定するもので32の教会がある（※）。

奄美にカトリックが伝わったのは、1891年（明治24年）のこと。鹿児島に布教に来ていたフェリエ神父が、搾取や貧困に苦しんでいた島民の求めによって来島したと伝えられている。多くの島民が心の支えを求めていることを実感した神父は、本格的に布教を開始し、明治27年に名瀬に最初の教会が誕生。2年で信者は約1500人になっ

離島でもキリスト教は受け入れられた。喜界島の教会

たという。大正時代にはゴシック建築の教会「レンガみどう」や、鉄筋コンクリートのミッションスクールが竣工。宣教師たちは、単に心のよりどころだけでなく、西洋の建築技術や野菜の栽培方法、医学、文化なども島にもたらした。

浦上
マリア像

名瀬
マリア像

大棚
マリア像

知名瀬
聖フランシスコザビエル像

古田町
マリア像

赤木名
マリア像

毎年12月になると教会はイルミネーションで飾られます。波瀾に満ちた奄美の歴史のなかにあって、祈ることで希望を抱き、許し合ってきた人々がいる。美しい明かりは、そんな時代があったことをふと思い起こさせてくれました。

ようこそ
あやかしの世界へ

奄美にすむ妖怪
ケンムンのトリセツ

奄美にすむ妖怪ケンムン。万一彼らに出会ってしまっても、下記のことさえ知っておけば安心だ。

特徴 1

ケンムンの容姿
カッパのような皿があり、毛むくじゃら

背の高さは5歳の子供くらい。全身が毛に覆われており、サルのような外見だ。頭はおかっぱで、カッパのような皿があり、そこには油が入っており、油がこぼれると死んでしまう。姿を変える力があり、動物に化けて人をだますことも。

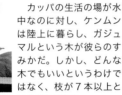
薩摩藩士、名越 左源太（なごや さげんた）が描いたケンムン（奄美市立奄美博物館所蔵）

特徴 2

ケンムンのすみか
ガジュマルの木に暮らす

立派なガジュマルの木を見かけたらケンムンがいるかもしれない

カッパの生活の場が水中なのに対し、ケンムンは陸上に暮らし、ガジュマルという木が彼らのすみかだ。しかし、どんな木でもいいというわけではなく、枝が7本以上という条件がある。

特徴 3

ケンムンの好きなこと
ケンムンは相撲好き

ケンムンは相撲が大好き。人に出会うと必ず相撲を挑んでくる。そしてひとたび始めると、どんどんケンムンが集まってくるので、相撲をとってもとってもきりがない。

うっかり相撲をとると大変なことになる

特徴 4

ケンムンの出没場所
解明されてきた居場所

長年の聞き取り調査により、ケンムンの出る場所が徐々にわかってきた。ケンムンは、グスクや神事などに使われるいわば聖地や、森と生活空間の中間的な場所に多く現れる。

ケンムン出没マップ

遊ばないとイタズラするぞ

ケンムン注意!!

狩猟・採集空間
城グスク
墓
ケンムン空間
生活空間
人間空間 仮屋 生活空間
墓
ケンムン空間

奄美市発行「もっとわかる奄美大島」を基に作成

ケンムンこぼれ話

イタズラ好きなケンムンだが、本来は温厚な性格で人に危害を加えることはないという。そのほか、ケンムン情報をご紹介。

ケンムンの好物

ケンムンは魚の目が大好物。もしも釣った魚に目がなければ、ケンムンが食べてしまったからだ。また、貝やカタツムリも好きで、カタツムリは殻をとって丸め、「餅だ」と言って食べてしまう。

悪質なイタズラに注意

たいていは牛や馬に化けて人を脅かしたり、道に迷わせるなどの軽いものだが、ときには子供の魂を抜いてケンムンのようにしたりする。大人でも気絶させられ、カタツムリを口に入れられたりする。

もしもケンムンに出会ったら

ケンムンはタコが大の苦手。もしもケンムンに出会ったら、タコを投げつけるか「ヤツデマル!(タコ)」と叫ぶと一目散に逃げていく。しかし、あまりいじめ過ぎると仕返ししてくるのでほどほどに。

ケンムンのちょっといい話

イタズラ好きなケンムンだが、薪を運ぶ手伝いをしたりといいところも。近年の乱開発によってケンムンも減っているという。旅人はあまり騒ぎ立てず、ケンムンのすむ環境をそっとしておいてあげよう。

島言葉

ようこそ、魅惑の奄美語の世界へ

ありがっさまりょうた（ありがとうございます！）

沖縄の方言に似ているようで少し違う奄美の言葉。島言葉とひと口に言っても島や集落によって異なる言葉もあるので、違いを探すのもおもしろい。共通語ではなくなってしまった、キャヲロの発音が残っているのも特徴だ。

みしょーれ（召し上がれ！）
うがみんしょうらん（こんにちは）
わんのとぅじど（僕のお嫁さんだよ）
はげばーど！きょらむんね〜（あらまあ！きれいな方ですね！）

コクトくん　ロビンちゃん
©Amami City

日本の古い言葉が残る奄美の方言。だんだんと島言葉を理解する若い子が少なくなった……と島のお年寄りが仰っていましたが、積極的に方言を学び、使おうとしている若い方々が多いことも印象的でした。奄美の方言のLINEスタンプもおすすめです！

奄美本セレクション

奄美のことを深く知り、もっと好きになれるおすすめ本をご紹介。

『奄美大島に行きたい』 **ガイド**

別府 亮、山下 弘、勝 廣光／写真
ファミマ・ドット・コム　税別 952 円
歌手の中 孝介さんがプロデュース。奄美の美しい写真が満載で、自分の目で見てみたい気持ちがかきたてられる。

小学校の校長先生が書いた

『奄美の歴史入門』 **歴史**

麓 純雄／著
南方新社　税別 1600 円
琉球王国や薩摩藩の支配を受け、戦後は米軍統治下におかれるなど、奄美が歩んできた激動の歴史を学ぼう。

『奄美の食と文化』 **食文化**

久留ひろみ、ホライゾン編集室／著
南日本新聞社　税別 1800 円
奄美の島それぞれに伝わる郷土料理や食材・調味料について、写真とレシピ付きで詳細に紹介されている。

亜熱帯の自然を描いた画家

『日本のゴーギャン 田中一村伝』 **伝記**

南日本新聞社／編
小学館　税別 600 円
中央画壇から離れ、奄美大島で貧窮のなか、理想の絵を追い求め続けた孤高の画家の生涯。絵や写真も収録。

著者と一緒に旅してる気分に

『沖縄・奄美の小さな島々』 **紀行**

カベルナリア吉田／著
中央公論新社　税別 860 円
奄美についての記述は加計呂麻島・請島・与路島のみであまり多くないが、等身大の旅が生きいきと伝わってくる。

『水平線のぼくら 天使のジャンパー』 **小説**

仁木英之／著
角川春樹事務所　税別 1500 円
奄美大島・名瀬の高校に通う隆文が、崖から海へと飛び込む美少女を目撃したことから始まる、さわやかな青春小説。

奄美が舞台・ロケ地になった映画 **映画**

風光明媚な奄美の景色は、いくつもの映画の舞台として鮮烈な印象を残す。

『ゴジラ vs スペースゴジラ』
(1992 年)　大河原孝夫／監督

『ゴジラ vs モスラ』に引き続き、ジャングルのシーンのロケが行われた。巨大なヒカゲヘゴなど太古を思わせる原生林が圧倒的な存在感だ。
●ロケ地：金作原原生林 （→ P.72）

『男はつらいよ 寅次郎紅の花』
(1995 年)　山田洋次／監督

シリーズ 48 作目にして最終作。のどかな加計呂麻島を舞台に、リリーと同棲する寅さん、若い満男と泉、2 組のカップルの行方が描かれる。
●ロケ地：リリーの家、諸鈍デイゴ並木など （→ P.62、105）

『母べえ』
(2008 年)　山田洋次／監督

昭和 15 年、夫を投獄された妻と 2 人の娘が周囲に助けられながら強く生きていく。吉永小百合が澄んだ海で華麗なクロールを披露。
●ロケ地：龍郷町の赤尾木海岸

『2 つ目の窓』
(2014 年)　河瀨直美／監督

美しい自然のなか、16 歳の少年少女が生と死を見つめる。奄美大島北部でロケが行われ、ビーチやガジュマルの木など奄美らしい光景が満載だ。
●ロケ地：笠利町の佐仁集落、用安海岸など

『西郷どん』
(2018 年)　NHK 大河ドラマ

明治維新の立役者、西郷隆盛の波瀾の生涯を描いた大河ドラマ。オープニングに大和村の宮古崎が登場し、一躍人気の観光地となった。
●ロケ地：大和村宮古崎、龍郷町ビラビーチ

『忌怪島（き かいじま）』
(2023 年)　清水崇／監督

島を舞台に、現実世界と仮想世界というふたつの空間で巻き起こる恐怖を描いたホラー。笠利町や龍郷町、加計呂麻島などで行われ、島内のエキストラ 50 人が出演した。
●ロケ地：加計呂麻島、笠利町、龍郷町など

　作家の島尾敏雄は、第 2 次世界大戦末期に特攻隊長として加計呂麻島・呑之浦に赴任し、出撃を待機したまま終戦を迎えた。地元で教師をしていた大平ミホさんと出会い、その後のふたりの結婚生活が小説『死の棘』のモデルだ。漫画家しまおまほは孫。

123

生れ育った喜界島で自然の力を感じながら歌い続ける

奄美 島人インタビュー 4
Islanders' Interview

島に住んで、島の人と触れ合うからこそ
味のある歌い方ができるんです。

最新作は2018年にリリースした「CLOVER」

喜界島の唄姫　川畑 さおり さん
（かわばた）

人に感動を与える
シマ唄に魅せられて

　愛らしく可憐な印象の川畑さんが三線を手に歌い始めると、細い体のどこからと思うほど力強い声が朗々と響き、込められた情感に圧倒される。2012年には「日本民謡ヤングフェスティバル全国大会」でグランプリを受賞し、最も注目される若手唄者のひとりだ。

　「小学校3年生のとき、喜界町産業祭をたまたま観に行ったのがシマ唄を始めたきっかけでした。舞台の島唄を客席で聴いていて、ふっと横を見たら、おじいちゃんおばあちゃんたちが涙を流していたんですよ。シマ唄には人に感動を与える不思議な力があるんだなぁと感じて、私も

敬老祝賀会などのイベントでシマ唄を披露

歌いたいと安田民謡教室に通うようになったんです」

　高校卒業後に進学で島を出て、鹿児島市内で3年間、幼稚園教員として勤務。その後、シマ唄の世界をもっと掘り下げたいという思いで喜界島に戻った。

　「ここでこそ不思議と味の出る歌い方ができる。島に住みながら、島の人と触れ合いながらでないと私にはやっぱり難しいと思いました。島で歌い続けるスタイルが合っているんですね」

喜界島の自然と
ひとつになって歌う

　最も好きなシマ唄は、喜界島に伝わる「ムチャ加那節」だと言う。

　「小野津集落にあるムチャ加那公園

も大好きで、ふらりと行って練習することがあるんです。ひとりで歌っていると猫や蝶が近寄ってきたり、小鳥がいつもとは違う声で鳴いたり。海辺では沖からカメが泳いできて、歌う間くるくると回っていたんですよ。本当に、島ではいろいろなことが起こります」

　現在も喜界島に住み島を拠点にしながら、地元だけでなく国内各地や海外のステージに精力的に出演している。喜界島で川畑さんの唄を聴きたいと思ったら喜界島観光物産協会にお問い合わせを。

　「喜界町の中央公民館では、太鼓をたたいたりしてシマ唄体験ができます。ぜひ一緒にシマ唄のリズムを肌で感じてみませんか？　お電話のうえいらしてくださいね」

喜界島観光物産協会　☎(0997)65-1202

出発前にチェックしておきたい！

旅の基本情報
Basic Information

奄美の旅に欠かせない基礎知識をご紹介。
島への行き方からシーズンや見どころ、持ち物まで
知っておきたいトピックスをすべて網羅。

旅行の前に
知っておきたい！

旅の基礎知識

南の島というイメージのある奄美だけど、旅するとしたらいつがベストシーズン？
どんな楽しみ方ができる？　役立つ基本情報をご紹介。

PART 1 まずは奄美について知ろう

豊かな自然と文化に彩られた島の概要をつかむ

◆ 意外に広い！日本で3番目に大きな島

奄美大島は周囲461.1km、面積712.35k㎡と、沖縄本島、佐渡に次いで大きな島。1日で島を一周しよう、という考えは捨てたほうがいい。島は南北に長く、北部はなだらかな地形で海水浴に適したビーチが多い。南部は山々に覆われ、固有種の宝庫となっている。まずは旅の目的を絞り、無理のない旅の計画を。

沖縄本島　　　奄美大島

◆ 島のゲートウェイは奄美空港と名瀬港のふたつ

奄美大島に旅をするうえで注意しなくてはならないのが、ゲートウエイとなる空港と港の位置。鹿児島や神戸・大阪から到着するフェリーは、名瀬の町に面した名瀬港に発着す

奄美空港のチェックインカウンター

る。一方、飛行機が着く奄美空港は、北部の笠利町にあり、名瀬までは車で50分ほどの距離にある。このふたつの場所を混同していて、飛行機で名瀬に到着したと思ったら、あたりは一面のサトウキビ畑だった……という笑い話も聞く。飛行機を使う場合、奄美空港到着後と出発前の移動時間も考慮しよう。空港と名瀬は飛行機の発着に合わせ、バスが結んでいる（所要約1時間、1100円）。

名瀬港にはフェリーや大型貨物船が入港する

◆ 独自の文化や固有の自然が残る多彩な表情が魅力

鹿児島の大和文化、沖縄の琉球文化の影響を受けながら、複雑な歴史のなかで生まれ育まれた奄美独特の文化。各集落は個々の結びつきが強く、伝統的な祭りや唄が受け継がれている。そ

800年の歴史をもつ伝統芸能、諸鈍シバヤは国の重要無形民俗文化財

の絆や文化は、旅をするうちに、ひしひしと感じることができるだろう。また、はるか遠い時代に大陸から孤絶した島には、すでに大陸にはいない、アマミノクロウサギを筆頭に原始的な形質を留めた生物が数多く存在する。山から海まで、同じ島だとは思えないほどの自然の豊かな表情に、驚かされるばかりだ。

金作原原生林には、10mにもなるヒカゲヘゴが生い茂る

◆ 島の原風景が残る個性あふれる近くの島も魅力

一歩足を延ばして近くの島へ行くのもおすすめだ。一番近いのは瀬戸内町の古仁屋の沖合いに浮かぶ加計呂麻島。古仁屋からフェリーで20分ほどのところに横たわる加計呂麻島は、複雑な海岸線をもち、入江ごとに30もの小さな集落が点在する。

喜界島のサトウキビ畑を貫く、2.5kmにわたる一本道

その集落には巨大なガジュマルやデイゴ並木、クリアブルーの海を望む静かなビーチがあり、豊かな自然に癒される。奄美大島の東に位置する喜界島は、年間2mmずつ隆起を続けるサンゴの島。見渡す限りのサトウキビ畑と、日本で最大級の蝶、オオゴマダラの楽園として知られる。

奄美大島の高知山展望台から見た加計呂麻島

voice 奄美では、川や森で隔てられた集落のことを、シマと呼ぶ。そこには、"結い（ゆい＝助け合い）の精神"が根付き、集落の結びつきはとても強い。集落ごとに伝統的な祭りがあり、近年まで集落独自の言葉（方言）も残っていた。

PART 2　奄美、旅のノウハウ Q&A

実際に奄美に行くときに知っておきたいアレコレを Q&A でお届け。

奄美の自然を案内します！

シーズンのノウハウ

Q. 海に入れるのはいつ？

A. 気持ちよく入れるのは 5～9 月いっぱい
　4 月に海開きが行われるが、この頃はまだ肌寒く、泳ぐにはややつらい。5～9 月は水温が上がり、台風が来ない限り波も穏やかなので海水浴のベストシーズンだ。

Q. 服装のポイントは？

A. T シャツと羽織れるものを
　5～10 月はクーラー対策や日焼け防止のために上に羽織る薄い長袖を。12～2 月は、北風が強い日もある。長袖のシャツとウインドブレーカーなどを持っていくといい。

Q. 台風シーズンは？

A. 7～9 月に多い
　統計的に 7～9 月に台風が多い。2022年は 7 月に 3 回、8 月に 2 回、9 月に 1 回台風が接近した。こればかりは予測できないので、運を天に任せて。

Q. 旅行中台風が来たらどうしたらいいの？

A. 安全な屋内に入り、最新情報をチェック
　台風が勢力を保ったまま接近する奄美では、甚大な被害が出ることも少なくない。もし台風が来てしまったら、宿泊施設へ戻り、避難指示が出た場合は宿の人に従おう。決して外に様子を見に行ったりしないように。

奄美の台風はキョーレツ！

遊び方のノウハウ

Q. 現地ツアーはいつまでに予約する？

A. 早めに予約を
　ツアー会社は、オーナー兼ガイドがひとりで運営していることも多い。旅の日程が決まったら、早めに予約を入れておくと安心だ。もちろん空いていれば、前日の予約でも OK。

Q. 雨が降ったら何をすればいいの？

A. 紬体験や博物館へ
　大島紬の泥染めや着付体験（→ P.56）、奄美博物館（→ P.83）や奄美パーク（→ P.90）で歴史に触れたり、奄美大島世界遺産センター（→ P.21）で自然について学ぼう。

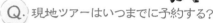

Q. アマミノクロウサギが見たい

A. ナイトウオッチングツアーに参加しよう
　アマミノクロウサギは夜行性なので、ナイトウオッチングツアーに参加しよう。フクロウやカエルなど夜ならではの生き物にも会える。

QR コード決済が便利！

お金のノウハウ

Q. クレジットカードは使える？

A. 現金払いが主流です
　クレジットカードが使える店は増えてきたが、小さな商店やフェリー乗り場では現金のみというところも。PayPay などの QR コード決済が使える店も多い。

Q. 現金が足りなくなったら？

A. 銀行やコンビニの ATM へ
　銀行やコンビニ、ゆうちょの ATM を利用して。銀行は、鹿児島銀行と JA あまみ、コンビニはファミリーマートだ。加計呂麻島にはコンビニはないので郵便局の ATM を利用。

voice　ニュースで耳にする台風上陸という言葉は、本土に到達した場合にのみ使われるため、奄美に何回直撃しようとも上陸とは言わず、接近・通過と言う。なので、毎年幾度も台風に見舞われる沖縄、奄美も、台風上陸数で言えばゼロなのだ。

127

食事のノウハウ

豚骨煮もおいしいよ

Q. 郷土料理はどこで食べられる?

A. 島料理を出す居酒屋や島唄ライブハウスで

島料理と掲げる店では、豚足、油そうめんなどを揃えている。島唄ライブが楽しめる「吟亭」や「郷土料理かずみ」(→P.60)では代表的な郷土料理が味わえる。

シマ唄だけでなく、奄美伝統の料理が味わえるシマ唄ライブハウス

Q. 黒糖焼酎が飲みたい!

A. 飲み比べたいなら専門のバーへ

奄美の居酒屋、レストランでは、ほぼどこでも黒糖焼酎を揃えている。より深く味わいたければ焼酎専門の店へ。レアな銘柄も揃えている。

利き酒セットや焼酎カクテルを用意しているバーも

宿泊のノウハウ

Q. ひとり旅のおすすめの宿は?

A. 名瀬のシティホテルまたは民宿

格安の民宿やゲストハウスが多く、ひとり旅にも優しい奄美。名瀬のシティホテルなら、女性でも安心だ。奄美の人々は皆オープンマインドなのでさびしさを感じる暇がないくらい。

Q. 宿泊エリアはどうやって決める?

A. 交通手段や目的で総合的に判断

北部にはゆっくり滞在できるリゾートホテルが多いが交通手段が少ないため、自由に移動するならレンタカーが必要だ。食べ歩きを楽しみたいなら名瀬中心部がいい。

カップルやファミリーならばプール完備のリゾートホテルもいい

Q. ビーチに行くときのお弁当は?

A. 島らしいコンビニ弁当も一案

売店を備えたビーチは少なく、近隣で商店を探すのもひと苦労だ。そんなときはコンビニで、薄焼き玉子で巻いたおにぎりなど郷土色の濃いお弁当を買って行くのも手。

ネットワークのノウハウ

Q. 携帯電話はどこでも使える?

A. 山中やビーチではつながりにくいところも

市街地ではどのキャリアでも使えるが、南部の山の中、ビーチなど町を離れると電波が弱いことも。

Q. インターネット事情は?

A. 宿では使えるエリアが限定されることも

比較的新しい名瀬のシティホテルや離島のゲストハウスでは、Wi-Fi完備というところが大半だが、ロビーエリアのみWi-Fi可というところもある。

持ち物リスト

□水着	海遊びの必需品
□タオル	速乾性のタオルならかさばらず軽い
□半袖Tシャツ	持参は最小限にして現地購入でも
□薄手の長袖	夜間やクーラーが効き過ぎのときに
□ラッシュガード	スノーケリングやカヤック時に重宝
□スノーケリングセット	リゾートホテルなどではレンタルも可能
□双眼鏡	野鳥・生物観察や星空観測に
□日焼け止め	日差しは強烈。必須アイテム
□帽子	つばの大きなものがベター
□サングラス	ドライブ時やビーチで必要
□サンダル	脱ぎにくく歩きやすいもの
□カメラ・記録媒体	ハウジングがあれば水中撮影も可
□携帯電話・携帯充電器	調べ物にも便利。充電器を忘れずに!
□携帯バッテリー充電器	予備バッテリーがあればさらに安心
□懐中電灯	ナイトツアーや星空観測時に
□レジャーシート	ビーチで。パレオで代用可能
□防水バッグ	ビーチ遊びに便利
□虫よけ・虫さされ	ジャングル探検参加予定の人はぜひ
□汗ふきシート	さっと汗をふけば気分爽快♪
□酔い止め薬	船に弱い人は必携
□健康保険証	急な病気やけがに備えて
□ゴミ袋	スーパーやコンビニの袋で代用可能

voice 最近、一棟貸しの宿も増えてきた。キッチンや洗濯機などがついているところが多く、家族連れや長期滞在に便利。奄美らしい滞在を楽しみたいなら古民家を改築した伝泊の宿がおすすめ。アメリカから輸入した大型トレーラーハウスを利用した宿の滞在も楽しい。

PART 3

気になる！　奄美の旬の味＆食材

奄美の果物や魚介類。食べられる季節はいつ？

◆ 奄美の食材

パパイヤ
❖ 旬：12〜5月
庭先でよく見られる果樹。未成熟の果実を野菜として漬け物や炒め物に利用する。完熟すればジュースにしたり生食で。

グアバ（バンジロウ）
❖ 旬：8〜9月
ビタミンCを豊富に含む果実。季節になると八百屋や直売所に並ぶ。生食では酸味があるので、ジャムやゼリーで。

トウガン（シブリ）
❖ 旬：通年
解熱作用があり、煮物にしてよく食べられる。暑い島で、体をほどよく冷やすよう考えられた昔ながらの知恵。

ハンダマ
❖ 旬：1〜3月
葉の表面は緑、裏が赤紫の葉野菜。鉄分、ポリフェノールに富み、島では、おひたしなどにしてよく食べられる。

ドラゴンフルーツ
❖ 旬：6月下旬〜10月
中南米原産のサボテン科の果物。果肉は鮮やかな赤と白のものがあり、さわやかな甘みが人気。生食、ジュースで。

タンカン
❖ 旬：2〜3月
濃厚な甘味、ほどよい酸味、ジューシーで軟らかい果肉とさわやかな香りで、奄美を代表する果樹。

シラヒゲウニ
❖ 旬：7〜9月
夏場のみ解禁となるウニ。甘みが強く、口に広がる濃厚な味わいは至福のひと言。近年は水揚げ量が減り、非常に貴重になった。

トピンニャ
❖ 旬：12〜4月
塩ゆでにして楊枝で身を引き出して食べる、つまみの定番の貝。だしも良いので、茶碗蒸しなどにも使われる。

◆ 旬の食材カレンダー

🏵 おいしく食べられる旬　　🐟 漁獲のある月　　🌼 収穫のある月

	食材	1	2	3	4	5	6	7	8	9	10	11	12
野菜	フダンソウ	🌼	🏵	🏵	🏵	🏵						🌼	🌼
	ハンダマ	🏵	🏵	🏵	🌼	🌼	🌼	🌼	🌼	🌼	🌼	🌼	🌼
	シマウリ	🌼	🌼	🌼	🏵	🏵	🏵						
	パパイヤ（未成熟）	🏵	🏵	🏵	🏵	🏵						🌼	🏵
	ツワブキ	🌼	🏵	🏵	🏵	🏵	🏵						
	ゴマ							🌼	🏵	🌼			
	トウガン（シブリ）	🌼	🌼	🌼	🏵	🏵	🏵	🏵					
果物	グアバ（バンジロウ）								🏵	🏵			
	パッションフルーツ						🏵	🏵	🌼				
	ドラゴンフルーツ						🌼	🏵	🏵	🌼			
	マンゴー							🌼	🏵				
	島バナナ							🏵	🏵				
	スイカ						🏵	🏵					
	花良治ミカン										🌼	🏵	🏵
	タンカン		🏵	🏵									
	スモモ					🏵	🏵						
魚介類	カツオ	🐟	🐟	🐟	🐟	🐟	🐟	🐟	🐟	🐟	🐟	🐟	🐟
	ハリセンボン（アバス）	🐟	🐟	🐟	🐟	🐟	🐟	🐟	🐟	🐟	🐟	🐟	🐟
	イセエビ	🐟	🐟	🐟	🐟	🐟					🐟	🐟	🐟
	アオサ		🐟	🐟									
	モズク					🐟	🐟						
	トピンニャ	🐟	🐟	🐟	🐟								🐟
	シラヒゲウニ							🐟	🐟	🐟			

voice 島の野菜や果物は見ているだけでも楽しい。スーパーにも並ぶが、その日採れた野菜をおじいやおばあが持ち寄る直売所がおもしろい。お総菜もお菓子もあるのでのぞいてみては？　名瀬から大和村に向かう道路沿いには無人販売所があり、果物や野菜が並ぶ。

129

びゅーっと
飛行機?
のんびり船で?

奄美群島へのアクセス

奄美群島最大の島、奄美大島へは国内各地から直行便がある。さらに周辺の島に足を延ばす場合、奄美大島から船か飛行機で行く。喜界島だけが目的なら、鹿児島で乗り継ぎ、飛行機でダイレクトに入る方法もある。

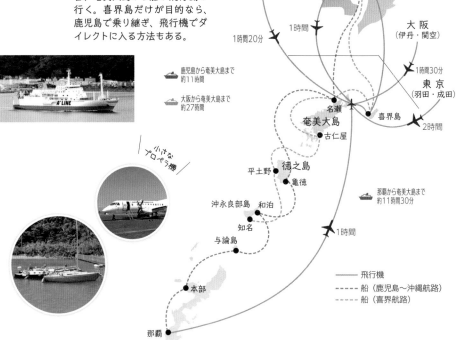

福岡

鹿児島

大阪
(伊丹・関空)

1時間

1時間20分

1時間30分

東京
(羽田・成田)

2時間

鹿児島から奄美大島まで
約11時間

大阪から奄美大島まで
約27時間

名瀬
奄美大島
古仁屋

喜界島

小さな
プロペラ機

平土野 徳之島
亀徳

沖永良部島 和泊

那覇から奄美大島まで
約11時間30分

知名

1時間

与論島

本部

那覇

―――― 飛行機
------- 船 (鹿児島〜沖縄航路)
------- 船 (喜界航路)

✈ 飛行機でのアクセス 奄美群島のゲートアイランド、奄美大島へ

奄美大島へは、羽田、成田、伊丹、関西、福岡、鹿児島、那覇から直行便がある。鹿児島空港以外は1日1便。鹿児島からは1日7〜9便。直行便がないエリアからは鹿児島などで乗り継ぐことになるが、乗り継ぎ割引などをうまく活用しよう。また、LCCのピーチが成田国際空港から運航しており、格安で奄美に行ける足として人気が高い。

出発地	運航会社	所要時間	1日の便数	運賃
成田	Peach	2時間5分〜3時間	1便	6890円〜
羽田	JAL	1時間50分〜2時間25分	1便	5万4590円
伊丹	JAL	1時間25分〜1時間50分	1便	4万3100円
関西	Peach	1時間30分〜1時間55分	1便	4790円〜
福岡	JAL	1時間20分	1便	3万8500円
鹿児島	JAL	55分〜1時間20分	8便	2万8300円
鹿児島	SKY	55分	1便	1万3100円〜
那覇	RAC	1時間5分〜1時間10分	1便	2万7400円

＊所要時間はフライトや時期により変更になることがある。
＊スカイマークは鹿児島から、羽田、名古屋（中部）、神戸に接続できる。

日本航空（JAL）／
琉球エアコミューター（RAC）
☎ 0570-025-071 **URL** https://www.jal.co.jp
ピーチアビエーション（Peach）
☎ 0570-001-292 **URL** https://flypeach.com
スカイマークエアラインズ（SKY）
☎ 0570-039-283 **URL** https://www.skymark.co.jp

LCCを賢く利用するコツ☆

● コツ1　運賃タイプを確認
運賃のみが含まれたシンプルピーチ、受託手荷物と座席指定、フライト変更が含まれるバリューピーチ、予約取り消しで優遇されるプライムピーチがあり、用途に応じて選ぼう。

● コツ2　受託手荷物は事前に申請
バリューピーチには20kgまでの受託手荷物が1個、プライムピーチには2個含まれている。シンプルピーチで荷物を預けたい場合、事前にネットで予約すると料金がお得に。

● コツ3　自動チェックインでスムーズに搭乗
出発の90〜30分前までに自動チェックイン機のスキャナーに予約確認書に記載されたバーコードをかざしてチェックイン。預け荷物がある場合は手荷物カウンターへ。

船の場合、途中下船が可能な航路も。例えば鹿児島から沖縄までのチケットを買い、途中で奄美大島、徳之島などに立ち寄ることができる。ただし、有効期間や等級に条件があるので、事前に確認を。

🛳 船でのアクセス ノスタルジックな気分に浸れる船旅も魅力

のんびりと船の旅を楽しむのもおつなもの。車やバイクも別料金で持ち込めるので、愛車と旅したい人にも人気だ。

鹿児島～沖縄航路

クイーンコーラルプラス、クイーンコーラルクロス、フェリーあけぼの、フェリー波之上

寄港地	港間距離／所要時間	鹿児島からの運賃（2等）
鹿児島（新港）		
↓	383km／11時間	
奄美大島（名瀬）		9220円～
↓	109km／3時間20分	
徳之島（亀徳）		1万1420円～
↓	54km／1時間50分	
沖永良部島（和泊）		1万2570円～
↓	48km／1時間40分	
与論島（与論）		1万3620円～
↓	85km／2時間30分	
沖縄（本部）		1万3930円～
↓	56km／1時間50分	
沖縄（那覇港）		1万4880円～

マリックスライン 📞 (099)225-1551
URL https://www.marixline.com
マルエーフェリー 📞 (099)226-4141
URL https://www.aline-ferry.com

喜界航路

フェリーきかい、フェリーあまみ

寄港地	港間距離／所要時間	鹿児島からの運賃（2等）
鹿児島（本港北埠頭）		
↓	377km／11時間	
喜界島（湾）		9220円～
↓	65km／2時間	
奄美大島（名瀬）		9220円～
↓	72km／2時間10分	
奄美大島（古仁屋）		1万580円～
↓	75km／2時間20分	
徳之島（平土野）		1万1420円～
↓	70km／2時間10分	
沖永良部島（知名）		1万2570円～

マルエーフェリー／奄美海運
奄美海運予約センター
📞 (099)222-2338
URL https://www.aline-ferry.com

ちょっとトクする♪ 🛳 船旅のコツ

鹿児島から奄美まで約11時間の船旅。ちょっとトクするコツをご紹介

往復割引を利用
14日間以内の往復の場合、同一区間、同等級に限り復路1割引きとなる。ただし奄美群島各島間の移動には往復割引はないので注意。

お風呂はある？
多くの船にはシャワールームか展望風呂が完備されている。大海原で温かい湯が使えるのはこのうえなく贅沢な気分になる。

レストランはある？
長距離を航海する船には、レストランや売店がある。ただしオープンする時間は限られているので、早朝や短距離の場合は食べ物を持ち込もう。

奄美大島から近隣の島へ

❖ 喜界島へ

✈ 飛行機でのアクセス

◆奄美大島から
奄美空港から喜界空港は1日2便。
◆鹿児島から
鹿児島空港から喜界空港は1日2便。

🛳 フェリーでのアクセス

鹿児島～名瀬～古仁屋～辺土名（～知名）を往復する「フェリーきかい」「フェリーあまみ」が5便が運航され、発着時間は曜日によって異なるので事前に確認して。
所要時間は鹿児島から11時間10分～12時間。名瀬から約2時間10分。古仁屋から約4時間50分。

❖ 加計呂麻島へ

🛳 フェリーでのアクセス

古仁屋から「フェリーかけろま」が運航。旅客運賃360円。自動車航走は4m以上5m未満で片道4720円。

フェリーかけろま時刻表

	古仁屋～瀬相					古仁屋～生間		
	古仁屋→瀬相	瀬相→古仁屋				古仁屋→生間	生間→古仁屋	
1便	7:00	7:25	7:35	8:00				
					2便	8:10	8:30	8:40	9:00
3便	10:20	10:45	11:00	11:25				
					4便	11:40	12:00	12:10	12:30
5便	14:00	14:25	14:40	15:05				
					6便	16:00	16:20	16:30	16:50
7便	17:30	17:55	18:05	18:30				

※ 2023年9月時点

⛴ 海上タクシーでのアクセス

定期便と同様に、海上タクシーと呼ばれる小型船が、古仁屋から瀬相、生間に定期的に運航している。運賃はフェリーと同程度。また、陸上のタクシーのようにチャーターすることも可能（12名まで乗船可能、一律料金）で、定期船の時間とスケジュールが合わない場合は検討してみよう。

フェリーかけろま
📞 (0997)72-3771
瀬戸内貸切船協同組合
📞 (0997)72-0377
古仁屋貸切船組合
📞 (0997)72-0332
奄美海上タクシー
📞 (0997)72-4760

Voice 東京都心と成田空港はLCCバスの「エアポートバス東京・成田」が結んでいる。片道1300円（深夜早朝2600円）で運行している。東京駅から成田空港第3ターミナルまで所要約1時間。

131

島内移動術

意外に広い奄美大島。島内は車の移動がメインだ。
北部から南部まで国道58号線が整備され、快適なドライブが楽しめる。

奄美大島

マイカー・レンタカー

▶ 自由気ままに島内を移動したいならレンタカーがベスト

奄美は総じて道路が広く、交通量も少ないので走りやすい。かつては峠が多く時間がかかった南部方面も、現在はトンネルが整備され、時間が短縮された。郊外ならほぼ駐車場は無料だが、名瀬では有料駐車場を利用する場合も。タクシーやレンタバイクもうまく活用して旅を楽しみたい。

主要エリア間の距離

奄美空港	約30km／約50分	名瀬
黒潮の森マングローブパーク	約20km／約30分	名瀬
黒潮の森マングローブパーク	約24km／約35分	古仁屋（せとうち海の駅）

レンタカー

▶ 空港周辺
- 奄美ゆいレンタカー　0120-780-076
- トヨタレンタカー空港店　(0997)63-0100
- タイムズカーレンタル　(0997)63-0240
- オリックスレンタカー　(0997)63-1201
- 奄美レンタカー　(0997)55-2633
- 西郷レンタカー　(0997)63-2388

▶ 名瀬
- トヨタレンタカー名瀬　(0997)54-0100
- 奄美レンタカー　(0997)55-2633

観光タクシー
- エヌワンタクシー　(0997)52-3223

レンタバイク・サイクル
- 内山商事（名瀬）
  MAP P.82B3
  (0997)52-0211
- 昭和荘（古仁屋）
  MAP 折り込み③B1
  (0997)72-2006

路線バス

主要バスマップは折り込みMAPへ

▶ 公共交通機関はバスのみ。名瀬を中心に北部と南部に路線が延びる

奄美大島内には3つのバス会社が運行している。空港周辺、名瀬市街地、せとうち海の駅、宇検村方面をカバーするしまバス、瀬戸内町の集落を結ぶ南部交通バス、名瀬から大和村方面に運行する大和村直行バスだ。奄美空港からせとうち海の駅までは約2時間30分。2380円。

しまパスフリーパス

	1日券	2日券	3日券
大　人	2100円	3150円	4200円
子　供	1050円	1580円	2100円

バス
- 株式会社 しまバス
  (0997)52-0509
  URL https://shimabus.jp
- 大和村直行バス
  (0997)57-2117
  （大和村役場）
- 南部交通バス
  (0997)72-1904

加計呂麻島

レンタカー

▶ 公共交通機関が少ない島で便利な手段

レンタカーは、瀬相港と生間港にそれぞれレンタカー会社がある。台数が限られているので早めに予約しよう。

- ren kakeroma
  080-8038-1409
- うみがめレンタカー
  090-9729-3654
- イキンマレンタカー
  (0997)76-0202

バス

▶ 新聞配達も兼任する島民の足

瀬相〜実久、瀬相〜阿多地、瀬相〜西阿室、生間〜徳浜、瀬相〜秋徳（佐知克）〜生間、瀬相〜押角〜生間の6路線。いずれも1日3〜4便しかない。初乗り110円。瀬相〜生間690円。

加計呂麻バス　(0997)75-0447

喜界島

レンタカー

▶ レンタカーで気ままな島巡り

空港周辺に数店舗ある。予約しておけば空港の駐車場に車を用意しておいてもらうことも可。タクシーもある。

- 喜界レンタカーサービス
  (0997)65-3618
- 深水レンタカー
  (0997)65-1070

バス

▶ 島をぐるっと巡るバス路線

バスは2023年9月現在、従来の3路線から、北中央線、南中央線という2ルートに改変し、試験運行をしている。どちらも島を一周する県道と内陸部をつなぎ、全集落を経由。スギラビーチや小野津集落もカバーする。

喜界バス　(0997)65-0061

VOICE 加計呂麻島、喜界島にもレンタサイクルはある。しかし加計呂麻島は起伏が激しいため自転車の移動はなかなか厳しい。喜界島は空港の売店で自転車がレンタルできる。平坦な島といえども一周4〜5時間かかるので気合いを入れて臨もう。

おもな宿泊施設リスト

奄美大島

名瀬

シティーホテル奄美 MAP P.82A1 ⬥ 奄美市名瀬入舟町 3-1 ☎(0997)52-7222 💴 素 3990 円〜 客室数 34 URL https://www.amami.info

あまみユースホステル MAP 折り込み① A2 ⬥ 奄美市名瀬大字知名瀬 2380 ☎(0997)54-8969 💴 素 3600 円〜、朝 4200 円〜、朝夕 5100 円〜 客室数 ドミトリー URL www.jyh.or.jp/info.php?jyhno=8718

徳州屋旅館 MAP 折り込み① C2 ⬥ 奄美市名瀬塩浜町 15-15 ☎(0997)52-0785 💴 素 3000 円〜、朝夕 5000 円〜 客室数 13

ビジネス旅館畠山 MAP P.82A1 ⬥ 奄美市名瀬金久町 13-6 ☎(0997)52-0565 💴 素 4000 円〜、朝夕 6000 円〜 客室数 18

ホテルビッグマリン奄美 MAP 折り込み① C1 ⬥ 美市名瀬長浜町 27-1 ☎(0997)53-1321 💴 4180 円〜 客室数 83 室

たつや旅館 MAP P.82A1 ⬥ 奄美市名瀬入舟町 15-18 ☎(0997)52-0260 💴 素 3500 円〜 客室数 6 URL https://tatsuya-ryokan.com

住用町

内海公園バンガロー MAP 折り込み⑥ B1 ⬥ 奄美市住用大字見里字浜田 510 ☎(0997)69-5081 💴 1 棟 7000 円（4 名利用時） 客室数 4 棟

笠利町

ヴィラ・ファニー MAP 折り込み② B1 ⬥ 奄美市笠利町用安 1318-3 ☎(099)259-5155 💴 3 万 3000 円（1 棟）〜 客室数 2 棟 URL https://www.losfee.net

レスト&ロッジ翔 MAP P.89C2 ⬥ 奄美市笠利町宇宿 2152-1 ☎(0997)63-8588 💴 素 6100 円〜、朝 6800 円〜、朝夕 8400 円〜 客室数 7 URL http://www2.synapse.ne.jp/syou/

奄美海族塾 MAP P.89B2 ⬥ 奄美市笠利町手花部 2991-7 ☎090-9577-4175 💴 素 3000 円〜 客室数 1 URL https://kaizokujuku.in

龍郷町

結の家 MAP 折り込み② B2 ⬥ 龍郷町赤尾木 1747-4 ☎(0997)55-4333 💴 素 3900 円〜 客室数 7 URL https://www.yuinoie.com

島泊 奄美愛かな MAP 折り込み② A1 ⬥ 龍郷町瀬留宮久田原 1114-1 ☎(0997)62-3179 💴 素 8500 円〜 客室数 1 棟 URL https://www.aikanakobo.com/

Le Grand Blue MAP 折り込み② B1 ⬥ 龍郷町町芦徳 71-3 ☎070-8333-5575 💴 7800 円〜（2 名） 客室数 2 棟

龍郷町

荒波のやどり MAP P.89A2 ⬥ 龍郷町幾里 423 ☎(0997)58-8842 💴 4600 円〜 客室数 3 室

なべき屋 MAP P.89A2 ⬥ 龍郷町安木屋場 2403 ☎(0997)62-4427 💴 朝 5600 円〜、朝夕 8360 円〜 客室数 5

マリンテラス MAP 折り込み② B1 ⬥ 龍郷町赤尾木 628-1 ☎(0997)62-3785 💴 素 7000 円〜、朝 8000 円〜、朝夕 1 万円〜 客室数 5 URL http://marinteracce.travel.coocan.jp/

大和村

大和荘 MAP 折り込み④ B2 ⬥ 大和村大和浜 16-1 ☎(0997)57-2023 💴 1 万 8000 円（貸し切り） 客室数 1 棟

民宿さんごビーチ MAP 折り込み④ B1 ⬥ 大和村国直 68 ☎(0997)57-2580 💴 朝夕 8800 円〜 客室数 5

民宿中村荘 MAP 折り込み④ B1 ⬥ 大和村国直 69 ☎(0997)57-2433 💴 朝夕 5500 円〜 客室数 7

宇検村

たつみ荘 MAP 折り込み⑤ A1 ⬥ 宇検村田検 12-1 ☎(0997)67-2015 💴 素 4000 円〜、朝夕 6500 円〜 客室数 12

瀬戸内町

海人スタイル奄美 MAP P.95B3 ⬥ 瀬戸内町嘉鉄 240 ☎(0997)76-3010 💴 朝夕 1 万 3800 円〜 客室数 2

民宿よーりよーり MAP P.95B3 ⬥ 瀬戸内町久根津 815-2 ☎(0997)72-5035 💴 素 6930 円、朝夕 7920 円、朝夕 9460 円 客室数 3 URL http://yo-ri.la.coocan.jp

サンフラワー・シティホテル MAP 折り込み③ B3 ⬥ 瀬戸内町古仁屋松江 5-9 ☎(0997)72-0350 💴 素 5500 円〜、朝 6200 円〜 客室数 21 URL http://sunflower-cityhotel.com

お宿ねぷす MAP P.95B3 ⬥ 瀬戸内町嘉鉄 352 ☎(0997)72-2393 💴 素 4000 円〜、朝夕 7480 円〜 客室数 4 URL https://nepusu.com

昭和荘 MAP 折り込み③ B1 ⬥ 瀬戸内町古仁屋宮前 24-1 ☎(0997)72-2006 💴 素 2200 円 男女別ドミトリー URL https://shouwasou.com

山小屋風民宿&食事処ユートピア MAP P.95B3 ⬥ 瀬戸内町清水 859-5 ☎(0997)72-5235 💴 素 4000 円〜、朝夕 7000 円〜 客室数 4 URL http://utopia.iinaa.net/

喜界島

ビジネスホテル喜界 MAP 折り込み⑦ B1 ⬥ 喜界町湾 173-1 ☎(0997)65-3838 💴 素 6000 円〜 客室数 18

ビジネスホテル林 MAP 折り込み⑦ B1 ⬥ 喜界町湾 44-5 ☎(0997)65-0911 💴 朝 5500 円 客室数 17 URL https://hotel-hayashi.com

花良治しまぐらしハウス MAP P.108B3 ⬥ 喜界町花良治 1830 ☎(0997)66-0252 💴 素 2500 円 客室数 1 URL http://kerajihouse.moon.bindcloud.jp/

ぎなま荘 MAP 折り込み⑦ A1 ⬥ 喜界町湾 550-7 ☎(0997)65-0259 💴 素 3500 円〜、朝夕 5250 円〜 客室数 34

ゲストハウスココネドコ MAP 折り込み⑦ B1 ⬥ 喜界町湾 62-1 ☎(0997)58-8885 💴 朝 3000 円〜 客室数 ドミトリー URL https://coconedoco.com/

加計呂麻島

ゲストハウス kamudy MAP P.102B2 ⬥ 瀬戸内町嘉入 25 ☎090-9570-2646 💴 素 5000 円〜 客室数 3 URL http://kamudy.com/

紫微鸞駕（しびらんか） MAP P.102B1 ⬥ 瀬戸内町薩川 193-1 ☎(0997)75-0628 💴 朝夕 1 万 1000 円 客室数 3 URL https://shibiranka.com

レンタルハウス・マリンビレッジ MAP P.102A1 ⬥ 瀬戸内町実久 ☎090-4993-2837 💴 1 棟 7000 円（2 名まで） 客室数 2 棟 URL http://www.marine-village.com/

HORIZON CLUB MAP P.103C2 ⬥ 瀬戸内町諸数 518 ☎(0997)73-2024 💴 素 7000 円、朝 8000 円〜 客室数 3 室 URL https://horizonclub-kakeroma.mystrikingly.com

---

Voice 奄美大島でバス移動をメインとするなら乗り放題券が便利だ。乗り放題券はスマホでも購入できる。「バスもり！」というアプリをダウンロードし、「定期券」のアイコンを選択、購入に進もう。

島の過ごし方、遊び方ならおまかせ！

奄美観光案内所活用術

旅の情報はここでゲット！　奄美のパンフレットや
最新情報が手に入る、観光案内所やお役立ちサイトはこちら。

奄美に着いてから

名瀬の中心地にある憩いの場
AiAiひろばで最新情報をゲット！

　名瀬の中心地の商店街にあるAiAiひろばの角には、観光案内所があり、各種パンフレットが揃うほか、職員が観光の相談に乗ってくれる。まずはここに立ち寄って、情報収集するといいだろう。

奄美市AiAiひろば／奄美大島観光案内所
MAP P.82B3　交 名瀬港より徒歩約10分。末広通りから徒歩約1分　住 奄美市名瀬末広町14-10　電(0997)57-6233　時 9:00～18:00　休 なし

メリット1　さまざまなパンフレットが揃う！

名瀬ランチマップや周辺離島のパンフレットなども豊富

メリット2　パソコンが無料で利用可能

1時間まで無料で利用できるパソコンで旅の情報収集

メリット3　手荷物一時預かり無料

最終日、手荷物を預けて、身軽に市内散策を！

＜インフォメーション＞ その他のエリアの観光案内所

奄美空港総合案内所（笠利町）
空港内の総合案内所。しまバスフリーパスも販売。電(0997)63-2295
せとうち海の駅（古仁屋）
瀬戸内町周辺の情報がメイン。加計呂麻島の情報もここで。電(0997)72-4626
いっちゃむん市場（加計呂麻島）
加計呂麻島の特産を扱う。観光案内も。電(0997)75-0290

奄美に行く前に

▶ **東京**
奄美市東京事務所
住 東京都千代田区平河町2-4-2
電(03)3262-3480
時 9:00～17:00　休 土・日曜、祝日
かごしま遊楽館
住 東京都千代田区有楽町1-6-4 千代田ビル1F　電(03)3506-9174
時 10:00～18:00　休 なし
▶ **大阪**
鹿児島県大阪事務所
住 大阪市北区梅田1-3-1-900 大阪駅前第一ビル9F11号　電(06)6341-5618
時 8:30～17:00　休 土・日曜、祝日
▶ **福岡**
鹿児島県福岡事務所
住 福岡市博多区博多駅中央街8-20
電(092)441-2852
時 8:30～17:00　休 土・日曜、祝日

お役立ちウェブサイト
のんびり奄美
URL https://www.amami-tourism.org
奄美群島観光物産協会ぐーんと奄美
URL https://www.goontoamami.jp
あまみっけ
URL https://amamikke.com/
奄美せとうち観光協会
URL https://www.setouchi-welcome.com
喜界島ナビ
URL https://kikaijimanavi.com/
加計呂麻ウェルカム
URL https://www.kakeroma-welcome.com

知っているとちょっと楽しい！ 奄美　旅のこぼれ話

✤ テンションUP！ご当地ナンバー

　2014年11月17日、ご当地ナンバーが導入され、奄美群島内の自動車は鹿児島ナンバーから奄美ナンバーに。すでに導入済みの原付バイク用のナンバーとともに、ますます奄美が熱くなる！

クロウサギとヘゴが描かれた原付バイクのナンバー

✤ 奄美のレンタカーは「れ」

　奄美のレンタカーは「わ」でなく「れ」が多い。国土交通省に問い合わせたところ、自治体により、好きなナンバーを使用できるということだが、奄美の人曰く、間違えたんじゃないの～とのこと。

真相は「わ」が足りなくなり、「れ」が使われたようだ

✤ ご当地WAONで奄美を応援

　2014年12月、電子マネーのWAONがご当地WAON「あまみトロピカルアイランドWAON」を発行。WAONを利用した金額の一部が奄美群島の農業や農村振興に活用される。

九州エリアのイオンで手に入る。発行手数料1枚300円

✤ 奄美パールが空港でも買える！

　高品質な真珠を生産する奄美パール（→P.97）のショップが奄美空港にある。白蝶真珠とマベパールを扱い、国内で養殖しているのは奄美だけ。美しい真珠を旅の思い出にいかが？

1階の到着フロアにあるので見逃さないように

---

voice　奄美にゆかりのある芸能人は多く、歌手のUAさんやお笑い芸人ピースの又吉直樹さんのお母さんは奄美群島出身。又吉さんがお母さんの故郷加計呂麻島を訪ねる『又吉直樹、島へ行く』というドキュメンタリーは、DVDで発売されている。

さくいん

STAFF

Producer	松崎恵子
Editor & Writer	アトール（澄田直子）
Photographer	吉川昌志
Designer	坂部陽子（エメ龍夢）
Maps	千住大輔（アルト・ディークラフト）
Proofreading	ひらたちやこ
Printing Direction	近藤利行

Special Thanks	（一社）奄美群島観光物産協会、奄美大島観光協会、奄美市東京事務所奄美せとうち観光協会、喜界島観光物産協会
Contributed Photographers	奄美大島観光物産協会、奄美市、龍郷町、大和村、瀬戸内町、環境省奄美自然保護官事務所、観光ネットワーク奄美、プチリゾート ネイティブシー奄美、奄美市立奄美博物館、瀬戸内町文化遺産活用実行委員会、公益社団法人鹿児島県観光連盟

地球の歩き方 島旅 02 　奄美大島 喜界島 加計呂麻島（奄美群島①）4訂版

2023 年 12 月 19 日　改訂第 4 版第 1 刷発行

著　作　編　集	地球の歩き方編集室
発　行　人	新井邦弘
編　集　人	宮田崇
発　行　所	株式会社地球の歩き方〒 141-8425　東京都品川区西五反田 2-11-8
発　売　元	株式会社Gakken〒 141-8416　東京都品川区西五反田 2-11-8
印　刷　製　本	株式会社ダイヤモンド・グラフィック社

※本書は基本的に 2023 年 7 月の取材データに基づいて作られています。
　発行後に料金、営業時間、定休日などが変更になる場合がありますのでご了承ください。
　更新・訂正情報 ▶ https://book.arukikata.co.jp/support/

本書の内容について、ご意見・ご感想はこちらまで
〒 141-8425　東京都品川区西五反田 2-11-8
株式会社地球の歩き方
地球の歩き方サービスデスク「島旅　奄美大島編」投稿係
URL ▶ https://www.arukikata.co.jp/guidebook/toukou.html
地球の歩き方ホームページ（海外・国内旅行の総合情報）
URL ▶ https://www.arukikata.co.jp/
ガイドブック『地球の歩き方』公式サイト
URL ▶ https://www.arukikata.co.jp/guidebook/

●この本に関する各種お問い合わせ先
・本の内容については、下記サイトのお問い合わせフォームよりお願いします。
　URL ▶ https://www.arukikata.co.jp/guidebook/contact.html
・広告については、下記サイトのお問い合わせフォームよりお願いします。
　URL ▶ https://www.arukikata.co.jp/ad_contact/
・在庫については　Tel ▶ 03-6431-1250（販売部）
・不良品（乱丁、落丁）については　Tel ▶ 0570-000577
　学研業務センター　〒 354-0045　埼玉県入間郡三芳町上富 279-1
・上記以外のお問い合わせは　Tel ▶ 0570-056-710（学研グループ総合案内）

※本書は株式会社ダイヤモンド・ビッグ社より 2015 年 4 月に初版発行したものの最新・改訂版です。
※学研グループの書籍・雑誌についての新刊情報・詳細情報は、下記をご覧ください。
　学研出版サイト ▶ https://hon.gakken.jp/
　地球の歩き方旅公式サイト ▶ https://www.arukikata.co.jp/shimatabi/

島旅の思い出や
おすすめを教えて！

読者プレゼント

ウェブアンケートに
お答えいただいた方のなかから、
毎月 1 名様に地球の歩き方
オリジナルクオカード（500 円分）
をプレゼントいたします。
詳しくは下記の
二次元コードまたは
ウェブサイトをチェック！

https://www.arukikata.co.jp/
guidebook/enq/shimatabi